MEMÓRIA POR CORRESPONDÊNCIA

A marca FSC® é a garantia de que a madeira utilizada na fabricação do papel deste livro provém de florestas que foram gerenciadas de maneira ambientalmente correta, socialmente justa e economicamente viável, além de outras fontes de origem controlada.

EMMA REYES

Memória por correspondência

Tradução
Hildegard Feist

Companhia Das Letras

Copyright © 2012 by Gabriela Arciniegas
Primeira edição: Bogotá, 2012.
Publicado mediante acordo com Casanovas & Lynch Agencia Literaria S.L.

Grafia atualizada segundo o Acordo Ortográfico da Língua Portuguesa de 1990,
que entrou em vigor no Brasil em 2009.

Os desenhos que acompanham as cartas foram elaborados por Emma Reyes
e enviados por ela para a família Arciniegas ao longo dos anos.
O retrato de Emma Reyes na p. 209, elaborado pelo pintor Alejo Vidal-Quadras,
foi publicado com a autorização da Fundación Alejo Vidal-Quadras
e Mónica Vidal-Quadras.

Título original
Memoria por correspondencia

Capa
Bruno Romão
sobre desenho sem título de Emma Reyes, 1988, acrílico e caneta hidrográfica sobre
papel-cartão, 20 x 14,5 cm. Imagem cedida por Escala.

Preparação
Monique D'Orazio

Revisão
Huendel Viana
Thaís Totino Richter

Dados Internacionais de Catalogação na Publicação (CIP)
(Câmara Brasileira do Livro, SP, Brasil)

Reyes, Emma, 1919-2003.
    Memória por correspondência / Emma Reyes ; tradução Hilde-
gard Feist. — 1ª ed. — São Paulo : Companhia das Letras, 2016.

    ISBN 978-85-359-2690-3

    1. Cartas colombianas – Coletâneas 2. Memórias autobiográficas
3. Reyes, Emma (1919-2003) – Correspondência I. Título.

16-00218   CDD-co863

Índice para catálogo sistemático:
1. Memórias em cartas : Literatura colombiana co863

[2016]
Todos os direitos desta edição reservados à
EDITORA SCHWARCZ S.A.
Rua Bandeira Paulista, 702, cj. 32
04532-002 — São Paulo — SP
Telefone: (11) 3707-3500
Fax: (11) 3707-3501
www.companhiadasletras.com.br
www.blogdacompanhia.com.br

Sumário

Apresentação, 7
Prólogo, 9
Nota, 12

MEMÓRIA POR CORRESPONDÊNCIA, 13

De Flora Tristán a Emma Reyes, 183
O que aconteceu com Emma Reyes?, 187
Agradecimentos, 211

Apresentação

Memória por correspondência reúne 23 cartas escritas por Emma Reyes para seu amigo Germán Arciniegas durante décadas, relatando desde as lembranças mais antigas de sua vida até o momento em que ela deixou o convento onde passou grande parte da infância.

Quem conheceu Emma Reyes sabe sobre seu caráter forte e decidido, sobre sua infinidade de histórias e sobre sua fascinante capacidade de contá-las. Emma Reyes foi uma artista completa. Suas múltiplas facetas artísticas e os inumeráveis lugares em que esteve ou morou — da Colômbia à França, passando pela Argentina, México, Estados Unidos, Espanha, Itália e Israel — refletem um exercício de busca constante.

Estas cartas, que por muito tempo permaneceram no âmbito privado da família Arciniegas, vêm a público graças à generosidade da família e à iniciativa da Fundación Arte Vivo Otero Herrera.

A Fundación Arte Vivo Otero Herrera, que tem se esforçado para conservar e difundir a arte colombiana dentro e fora das fronteiras do país, encarregou-se de formar o que, até agora, é o acervo pictórico e documental mais completo da artista. Para nós, *Memória por correspondência* é fruto da pesquisa que realizamos por mais de dez anos no Fondo de Emma Reyes.

Juan Camilo Otero Herrera
Fundación Arte Vivo Otero Herrera
Coeditor
2012

Prólogo

O sucesso comercial de determinados livros se deve, muitas vezes, à simplicidade com que foram escritos, ao caráter espetacular da história que contam, ao fato de abordarem temas do momento ou às concessões que fazem a certos modismos. Não é o caso de *Memória por correspondência*, de Emma Reyes, cuja primeira edição se esgotou em poucos meses, e que recebeu inúmeros elogios de reconhecidos escritores e jornalistas. Numa linguagem singela, mas não insípida, a autora nos conta uma história de outra época que, no entanto, nos comove como se fosse contemporânea, sem recorrer à pieguice nem à violência.

São muitas as qualidades deste livro: a primeira é a dinamicidade, que nos leva a atravessá-lo, sobressaltados e encantados ao mesmo tempo, como se nos deixássemos ser carregados por um rio de águas plácidas, porém desejando nunca chegar à margem, onde teremos de encerrar a viagem. Contudo, quando fechamos o livro, sentimos o impulso, motivado pela boa literatura, de partilhar com os outros nossa recente descoberta e a grande alegria que ainda nos proporciona.

Parte dessa alegria se deve à forma como o livro foi escrito. O estilo epistolar, que, a meu ver, muitas vezes é tedioso, aqui não tem nada de maçante. Como sabemos, Emma Reyes era mestra no gênero, pois durante sua longa vida escreveu centenas de cartas para os amigos, que as recebiam como verdadeiros presentes de tanto que se deliciavam com seu estupendo senso de humor e sua maneira fantasiosa e hiperbólica de contar histórias. E tratava-se literalmente de presentes, porque eram escritas em belos papéis sedosos de cores suaves, apesar da curiosa caligrafia e dos muitos erros ortográficos — deliberados, ao que parece, embora seja possível que se devessem ao fato de que Emma só aprendeu a ler e escrever na adolescência.

Nestas 23 cartas publicadas — cada uma equivale a um capítulo sobre a infância da autora —, o leitor reconhece a vivacidade da narrativa oral, já que Emma Reyes tinha o dom de narrar histórias. Mas quem lê também vislumbra — embora muito bem dissimulada por trás da aparente ingenuidade da prosa — a consciência com que ela manejou os recursos literários escolhidos. O crítico Mario Volpi certa vez escreveu que nos quadros de Emma Reyes tudo é, "ao mesmo tempo, elementar e refinado, autêntico e instintivo". Poderíamos aplicar suas palavras a estas memórias, que, aparentando arte naïf, nada têm de ingênuas. E não são, porque a autora se preocupou não só em relatar a história de sua vida, mas também em mostrar a Colômbia discriminatória e classista na qual viveu sua infância, na década de 1930, e que não é tão diferente da Colômbia de hoje. Sem conhecer os pais, e criadas por uma mulher que as abandona, Emma e sua irmã se revelam vítimas de uma sociedade hipócrita, que prefere maltratar uma criança a evidenciar as próprias fraquezas, e também do mundo sombrio das comunidades religiosas, igualmente contaminado por discriminação social, machismo e crueldade, infestado de superstições e preconceitos.

Mas essa história tão dura não nos intimida por ser narrada num tom que nos diverte e nos distrai. O texto não traz nenhum pingo de ódio. O que há, na verdade, é uma força que nasce da voz adulta e é capaz de recriar com uma imaginação brincalhona não só a menininha vesga que soube encontrar réstias de luz em seu cotidiano opressor, mas também as numerosas personagens que a rodeiam, lindamente retratadas com breves pinceladas.

Memória por correspondência toca o coração dos leitores por muitos motivos: por seu frescor, por sua capacidade de revelar um mundo sem cair em estereótipos regionalistas, por sua sabedoria na escolha das palavras. Mas, sobretudo, porque seu conteúdo é profundamente humano e poético.

Piedad Bonnett
2012

Nota

Vinte e três cartas contam a história de uma menina de Bogotá que nasceu em 1919 como filha ilegítima; viveu durante alguns anos com a suposta mãe, na capital, em Guateque e em Fusagasugá; foi abandonada e levada a um convento de freiras, de onde fugiu no final da infância.

A sinopse deste livro não dá sequer uma vaga ideia de sua qualidade única, nem se atreve a enumerar as cenas extraordinárias que sem dúvida vão ficar na mente de todos os leitores. Estas cartas constituem uma obra tão perfeita que é difícil abordá-la como crítico, tampouco é fácil analisar seu íntimo.

Emma Reyes teve uma infância muito sofrida, mas nasceu com boa memória e talento artístico. Chegou a ser conhecida como pintora. Aqui, no entanto, aparece como escritora — seu texto tem toda a clareza e todo o sentido do imediato que se atribui, com ou sem razão, à visão das crianças, e nenhuma pieguice. Além disso, ela escreve sem nenhum ressentimento e acaba produzindo um grande livro, que podemos considerar um triunfo humano.

Malcolm Deas
2012

MEMÓRIA POR CORRESPONDÊNCIA

Carta 1

Meu querido Germán:

Hoje, ao meio-dia, o general de Gaulle deixou o Eliseu, levando como única bagagem onze milhões, novecentos e quarenta e três mil, duzentos e trinta e três NÃOs declarados pelos onze milhões, novecentos e quarenta e três mil, duzentos e trinta e três franceses que o repudiaram.

No entanto, a emoção causada pela notícia curiosamente despertou em mim a lembrança mais remota que guardo da minha infância.

A casa onde morávamos tinha um cômodo só, muito pequeno, sem janelas e com uma única porta, que dava para a rua. Situava-se na Carrera Séptima* de um bairro popular de Bogotá chamado San Cristóbal. Em frente da casa, passava o bonde que

---

* Também chamada avenida Alberto Lleras Camargo, essa longa avenida teve origem em um antigo caminho indígena e percorre Bogotá de norte a sul. (N. T.)

parava alguns metros mais adiante, numa fábrica de cerveja chamada Leona Pura y Leona Oscura. Nesse cômodo moravam, além de mim, minha irmã, Helena, um menino cujo nome eu não sabia e que chamávamos de Piolho e uma moça da qual só me lembro de sua vasta cabeleira negra que, quando estava solta, cobria-a completamente e me fazia gritar de medo e me esconder debaixo da única cama.

Nossa vida se passava na rua. Toda manhã, eu tinha de ir até o monte de lixo atrás da fábrica para esvaziar o penico que todos nós havíamos usado durante a noite. Era um enorme penico branco esmaltado, mas do esmalte sobrava bem pouco. Não havia um dia em que esse penico não estivesse cheio até a borda, desprendendo um cheiro tão repugnante que muitas vezes eu vomitava nele. Em casa, não tínhamos luz elétrica nem banheiro; nosso único banheiro era esse penico, onde fazíamos do pequeno e do grande, do líquido e do sólido. As viagens da casa ao monte de lixo com o penico transbordante eram os momentos mais amargos do dia. Eu tinha de andar quase sem respirar, com os olhos fixos na sujeira, acompanhando seu ritmo com pavor de derramá-la antes de chegar, o que me acarretava castigos terríveis. Eu segurava forte o penico com as duas mãos, como se carregasse um objeto precioso. O peso também era enorme, superior às minhas forças. Como minha irmã era mais velha, tinha de ir à fonte buscar a água necessária para o dia inteiro; e o Piolho ia buscar o carvão e jogar as cinzas, de modo que nunca podiam me ajudar a levar o penico, porque iam em outra direção. Depois que eu o esvaziava, chegava o momento mais feliz do dia. Todos os meninos do bairro passavam o dia ali: brincavam, gritavam, escorregavam por uma montanha de barro, xingavam uns aos outros, brigavam, chafurdavam nas poças de lama e examinavam o lixo à procura do que chamávamos de "tesouros" — latas de conserva para fazer música, sapatos velhos, pedaços de arame e de borracha, madeiras, roupas velhas... Tudo nos interessava, era o nosso quarto de brinquedos. Eu não podia brincar muito, porque era a menorzinha e os grandões não me queriam por lá. Meu único amigo era o Manco, apesar de também ser grandão.

O Manco tinha perdido um pé — o bonde o arrancou quando ele estava arrumando umas tampas de cerveja Leona nos trilhos para que ficassem planas como moedas. Ele andava descalço, como todos os outros, com a ajuda de uma vara, e dava uns saltos extraordinários com seu único pé. Não havia quem o alcançasse quando se punha a correr.

O Manco sempre estava me esperando na entrada do monte de lixo. Eu esvaziava o penico, limpava-o rapidamente com um pouco de mato ou papéis velhos e o escondia sempre no mesmo buraco, atrás de um eucalipto. Um dia, o Manco não quis brincar porque estava com dor de barriga, então sentamos perto do escorregador para ver os outros brincarem. O barro estava molhado, e comecei a fazer um bonequinho. O Manco usava sempre a mesma e única calça, três vezes maior do que ele, amarrada na cintura com um cordão. Nos bolsos dessa calça ele escondia de tudo: pedras, piões, cordas, bolinhas de gude e um pedaço de faca sem cabo. Quando o boneco ficou pronto, o Manco o pegou, tirou do bolso a meia faca, e, com a ponta, fez dois furos na cabeça do boneco, que eram os olhos, e um maior, que era a boca. Quando terminou, disse:

— Está muito pequenininho. Vamos aumentar esse boneco.

E o aumentamos, acrescentando mais barro nele.

Na manhã seguinte, quando voltamos, encontramos o boneco no mesmo lugar onde o tínhamos deixado, e o Manco falou:

— Vamos aumentar esse boneco.

E os outros apareceram e disseram:

— Vamos aumentar esse boneco.

Alguém achou uma tábua velha muito, muito grande, e resolvemos aumentar o boneco até ele ficar do tamanho da tábua; assim poderíamos colocá-lo em cima dela e transportá-lo em procissão. Durante vários dias acrescentamos mais e mais barro até o boneco ficar tão grande quanto a tábua. Então, decidimos lhe dar um nome. Decidimos chamá-lo de general Rebollo. Não sei como nem por que escolhemos esse nome, mas o fato é que o general Rebollo virou nosso Deus. Nós o vestíamos com tudo o que encontrávamos no lixo e acabamos com as corridas, as guerras e os saltos. Todas as nossas brincadeiras giravam em torno do general Rebollo. Ele era, naturalmente, a personagem central de todas as nossas invenções. Durante vários dias vivemos ao redor de sua tábua. Às vezes o dizíamos do bem, outras do mal; na maior parte do tempo, o víamos como um ser mágico e poderoso. Assim transcorreram muitos dias e muitos domingos, que, para mim, eram os piores dias da semana. Todo domingo, do meio-dia até a noite, eu ficava sozinha, trancada no nosso único cômodo. Toda luz que havia era a que entrava pelas frestas e pelo buraco da fechadura, e eu passava horas com o olho grudado nesse buraco para ver o que acontecia na rua e para me distrair do medo. Quando a mulher de cabelo comprido chegava com Helena e o Piolho, geralmente me encontrava dormindo junto à porta, exausta de tanto olhar pelo buraco da fechadura e sonhar com o general Rebollo.

Depois de nos inspirar mil e uma brincadeiras, o general Rebollo começou a deixar de ser nosso herói. Nossa imaginação diminuta já não se inspirava na presença dele, e a cada dia menos crianças queriam brincar com ele. O general Rebollo passou a enfrentar longas horas de solidão, e ninguém renovava as condecorações que o cobriam. Até que um dia, o Manco, que continuava sendo o mais fiel, subiu num caixote velho, deu três batidas com a sua bengala improvisada e gritou com uma voz aguda e entrecortada pela emoção:

18

— O general Rebollo morreu!

Nesses locais, a gente já nasce sabendo o que quer dizer fome, frio e morte. Com a cabeça baixa e os olhos cheios de lágrimas, nós nos aproximamos lentamente do general Rebollo.

— De joelhos! — Manco gritou.

Todos nos ajoelhamos, sufocados pelo choro, sem nos atrevermos a pronunciar uma só palavra. O filho do carvoeiro, que era grande, vivia sentado numa pedra, lendo jornais que tirava do lixo. Com o jornal na mão, aproximou-se de nós e disse:

— Seus burros! Se o general morreu, então enterrem. — E foi embora.

Todos levantamos e resolvemos erguer a tábua com o general e enterrá-lo no monte de lixo; mas todos os nossos esforços foram inúteis, pois não conseguimos nem sequer mover a tábua. Decidimos enterrá-lo por partes, então quebramos cada perna e cada braço em três pedaços. O Manco determinou que a cabeça seria enterrada inteira. Trouxeram uma lata velha e depositamos a cabeça nela; quatro dos meninos maiores a levaram em primeiro lugar. Todos nós fomos atrás, chorando como órfãos. A mesma cerimônia se repetiu com os pedaços das pernas e dos braços. Restou só o tronco, que quebramos em muitos pedacinhos e transformamos em muitas bolinhas de barro. Quando não sobrou mais nada do tronco do general Rebollo, resolvemos brincar de guerra com as bolas.

Emma Reyes
Paris, 28 de abril de 1969.

Carta 2

Meu querido Germán:

Apesar da sua carta discretíssima, percebi que você está morrendo de curiosidade para saber quem era a moça de cabelo comprido. A verdade é que as lembranças são confusas e, se ao longo dos anos consegui chegar a certa uniformidade de impressões, foi com a ajuda da minha irmã, que, sendo dois anos mais velha, lembra um pouco mais.

A moça de cabelo comprido se chamava María. Era muito jovem, alta e magra. Nunca nos falou nada sobre sua família ou sobre sua vida. Nossa relação com ela se limitava a cumprirmos suas ordens sem protestar nem perguntar por quê. Ela era seca e muito severa.

A única pessoa que nos visitava era a sra. Secundina, que tinha uma loja em Santa Bárbara. Era a única amiga da sra. María e muito mais velha do que ela. Assim que Secundina chegava, María nos mandava brincar na rua e só voltar quando nos chamasse. Nunca soubemos do que falavam. Fazia bem pouco tempo que havíamos enterrado o general Rebollo. Eu ainda estava com o mesmo vestido sujo de barro. Dormíamos sempre vestidas; María só tirava a saia preta e comprida e soltava o cabelo. Um dia, nos acordou muito cedo, ainda estava escuro, e nos mandou esvaziar o penico e trazer o balde e o jarro cheios de água. Quando chegamos, ela encheu uma panela grande de água e a depositou no fogareiro. Enquanto a água esquentava, trocou os lençóis da cama e limpou os quatro móveis que tínhamos.

— Tirem a roupa que vou dar banho em vocês.

Era a primeira vez que dava banho nos três ao mesmo tempo. Ficamos parados, nus, em torno da bacia. Ela nos ensaboou rapidamente e nos enxaguou com a ajuda de uma cuia. O piso ficou encharcado e coberto de sabão; antes de nos arrumar, ela nos mandou enxugar o chão. Depois, nos vestiu com a roupa de domingo e nos fez sentar na beira da cama sem podermos nos mexer. Enquanto isso, também vestiu a roupa de domingo. Penteou-se com todo o cuidado depois de pedir à Helena que segurasse o espelho e ao Piolho que segurasse a vela, e se enfurecia toda vez que um deles se mexia. Quando terminou, mandou o Piolho ver as horas no relógio da fábrica. Nesse dia, não nos deu o café da manhã; estava nervosa, andava em círculos como um animal enjaulado. Já estava claro lá fora, mas ela não abriu a porta como de costume; a vela continuou nos iluminando. De repente, ouvimos três leves batidas na porta. María se benzeu e correu para abrir. Nesse instante, apareceu um senhor muito alto e magro, que não estava vestido como os homens do bairro, mas como os que víamos nos jornais no lixo. Usava sobretudo, chapéu e guarda-chuva, tudo escuro, talvez preto. Esfregou os olhos para tentar se acostumar com a luz da vela, entrou quase se esgueirando, beijou a moça no rosto e nós três rimos ao mesmo tempo. Era a primeira vez que um homem entrava na nossa casa.

A sra. María trancou a porta novamente, pegou a garrafa com a vela e dirigiu-se à cama onde continuávamos sentados, quietos. Aproximou a luz do rosto do Piolho e disse para o homem que a seguia com uma expressão muito séria:

— Este é o Eduardo, o teu.

O homem deu um tapinha no rosto do menino. Depois, a sra. María lhe apresentou Helena e eu. Não houve comentários, apenas um profundo silêncio. O homem desabotoou o sobretudo e o paletó e, com a ponta dos dedos, tirou umas moedas do bolso do colete; deu três para Eduardo e uma para cada uma de nós.

— Agradeçam — a sra. María ordenou. — E agora vão brincar na rua, mas fiquem na frente da casa. Se a vizinha aparecer, digam que estou dormindo.

Quando saímos, percebemos que ela trancou a porta. O homem ficou muito tempo lá dentro. Por fim, ela abriu a porta, pôs a cabeça para fora e, depois de se assegurar de que ninguém estava olhando, voltou-se e falou para o visitante:

— Agora...

O homem saiu, esgueirando-se como havia entrado, e passou por nós sem nos encarar, como se nunca tivesse nos visto. Ele se afastou a grandes passos, colando-se à parede, como se tivesse medo de ser visto.

Quando entramos em casa, a sra. María estava chorando, desocupando o armário e separando tudo o que era de Eduardo. Depois pegou uma caixa de papelão que estava embaixo da cama e guardou nela tudo que havia separado.

— Helena, Emma, ponham os vestidos velhos. O Eduardo vai comigo.

Como ela continuava chorando, nós também nos pusemos a chorar. Quando Helena estava me despindo, vimos um maço de dinheiro em cima da mesa. Fiquei com medo; senti que alguma coisa ia acontecer. Só tínhamos moedas, nunca tínhamos visto uma nota de dinheiro na casa. A sra. María não dizia nenhuma palavra. Tirou uma manta de outra caixa e se envolveu com ela, apertando-a bem em torno da cabeça. Pela primeira vez notei que ela parecia a Virgem da igreja.

— Não saiam daí. Já volto.

Voltou com a vizinha, que era mãe do Manco, e mostrou a ela onde ficavam os pratos e as velas. Pegou a caixa de papelão com as roupas do Piolho, parou diante de mim e de minha irmã e explicou que ia se ausentar por alguns dias, que a vizinha viria nos fazer comida e que, como não havia ninguém para cuidar de nós, ficaríamos trancadas na casa.

— Comportem-se — repetiu umas duas vezes.

Empurrou o Piolho contra a porta, pôs um boné de marinheiro na cabeça dele e o mandou sair. O Piolho nos fitou com olhos arregalados e as lágrimas escorriam pelo seu rosto.

Ficamos tanto tempo trancadas em casa que já nem sabíamos quando era dia e quando era noite. Como nossos excrementos encheram o penico, passamos a usar a bacia. A vizinha aparecia só uma vez por dia para nos deixar uma panelona de sopa.

— Não comam tudo de uma vez, porque eu só volto amanhã. E apaguem a vela assim que acabarem de comer.

Nós chorávamos e gritávamos tanto que os vizinhos iam até a nossa porta para nos consolar. Passávamos horas espiando pelo buraco da fechadura e pelas frestas para ver se María estava voltando. Por fim, ela chegou num dia em que estávamos dormindo no chão, encostadas na porta; e pela primeira vez a abraçamos e a beijamos, morrendo de felicidade. Ela se pôs a chorar e carinhosamente retirou os braços que a envolviam, segurou nossas mãos e informou:

— O Piolho não volta mais. O pai dele, aquele homem que esteve aqui, é um grande político, talvez venha a ser presidente

23

da República... E por isso não quis que o filho ficasse comigo; falou que tem medo e que prefere ter o menino aos cuidados dele. Eu levei o Piolho para Tunja e o deixei num convento, onde aquele homem já havia tomado as devidas providências para que o recebessem.

Eu me sentia perdida sem o Piolho: chorava, gritava, chamava-o... Não entendia o que queria dizer longe de Bogotá. Acreditava que, se gritasse com toda a força, ele ia me ouvir. A sra. María também parecia muito triste e ficou ainda mais calada e mais seca. Acho que foi nesse momento que Helena e eu estabelecemos uma espécie de pacto secreto e profundo; um sentimento inconsciente de que estávamos sozinhas e de que pertencíamos unicamente uma à outra. Nesse momento, eu não sabia que nunca mais na vida voltaria a ver Eduardo, que não conheceria seu destino, e que dele só me restaria a lembrança dos imensos olhos negros cheios de lágrimas debaixo de um ridículo boné de marinheiro.

Emma Reyes
Paris, 9 de maio de 1969.

Carta 3

Meu querido Germán:

Como lhe contei na carta anterior, depois que Eduardo foi embora, a sra. María ficou mais indiferente e seca; falava com a gente apenas o estritamente necessário e passou a sair quase todos os dias. Acordava-nos cedo e nos dava o café da manhã. Eu tinha de ir correndo esvaziar o penico no monte de lixo, e Helena buscava a água. Às vezes eu a ajudava, mas o jarro e o balde eram muito pesados para mim, e eu derramava metade da água. Como de costume, a sra. María nos deixava trancadas em casa durante todo o tempo em que estava fora, e às vezes só voltava à noite, sem se preocupar se estávamos sem comer.

Um dia, voltou muito, muito tarde e nos encontrou chorando de fome. Vinha carregada de pacotes e, pela primeira vez, nos trouxe umas roscas e uma goiabada. Fez comida para nós e de repente se pôs a rir, a rir como louca, enquanto lágrimas lhe jorravam dos olhos. Ficamos assustadas, sem saber se ríamos ou se chorávamos. Quando conseguiu se acalmar um pouco, ela deu um murro na mesa e anunciou:

— Vamos embora deste quarto miserável. Amanhã começamos a arrumar as trouxas. Vamos para longe, vamos morar numa casa grande.

Pôs-se a rir de novo e mandou que nos deitássemos, pois tínhamos de levantar cedo.

Durante vários dias vivemos num inferno: nada estava no lugar habitual, o armário ficou vazio, e em todo canto havia coisas empilhadas. Uma manhã, a sra. María saiu, comprou três grandes baús e começou a guardar a roupa e a louça neles. Com todo o cuidado, envolvia cada prato entre os lençóis e as toalhas. No último baú colocou as panelas, a bacia, o jarro e o penico. À noite, só restavam os móveis, o colchão sem lençol nem coberta e vários montes de velharias espalhados pelo chão. Depois do jantar, os vizinhos apareceram e cada um pegou o que queria. A mãe do Manco pegou a vassoura velha; a cama foi vendida para um operário da fábrica de cerveja. Quando todos foram embora, só restavam na casa os três baús, fechados no meio do cômodo, e o colchão velho no chão. A mãe do Manco voltou para nos levar uma coberta e um penico.

De manhã, ainda estava escuro quando levantamos. Vestimos nossas roupas de domingo, as únicas que ficaram de fora do baú, e fomos à casa da vizinha devolver a coberta e o penico e deixar a roupa suja que tínhamos usado na véspera. Quando voltamos, a sra. María estava na porta, com a manta e uma bolsa nova e grande. Mandou a gente entrar, nos trancou na casa com os três baús e falou que não ia demorar. De repente, ouvimos barulho de cavalo, olhamos pelo buraco da fechadura e vimos a sra. María descer de uma carroça em frente à porta. Os vizinhos correram para ajudar a pôr os baús na carroça. Puseram-me sentada em cima dos baús e Helena ficou de pé, segurando-me para eu não cair.

A sra. María cumprimentou a todos com um aperto de mão. Nesse momento, apareceu o Manco. Ele correu até a carroça e me deu metade da laranja que tinha na mão, lançando-nos um olhar muito triste. A sra. María trancou a porta da casa e entregou a chave para a vizinha, recomendando-lhe que cuidasse do lugar. Não vi o que aconteceu, só escutei uns gritos horríveis; a sra. María estava estirada no meio da calçada, com os olhos fechados e jorrando sangue pela boca. O carroceiro dizia todo tipo de grosserias. Helena contou que María foi passar na frente do cavalo para cumprimentar o padre e o bicho se assustou e lhe deu uma forte cabeçada no queixo. Com o susto, ela mordeu a língua e caiu que nem morta no meio da calçada. Providenciaram álcool e unguentos e começaram a passá-los na testa dela. Nós duas chorávamos como loucas e a chamávamos, puxando-a pela manga. Finalmente, ela abriu os olhos e, pouco a pouco, sentou. Estava muito pálida, a boca começando a inchar. Ajudaram-na a levantar e todos nós entramos na casa da mãe do Manco. Deram água com sal para a sra. María bochechar. O padre falou que era melhor friccionar o rosto com mertiolate; a vizinha falou que era melhor a vela de cera. Nós continuávamos chorando, e o carroceiro continuava furioso porque estava perdendo tempo. O operário que tinha comprado a nossa cama passou um lenço sob o queixo da sra. María e amarrou-lhe as duas pontas na cabeça. Todos a ajudaram a vestir a manta, e, depois de mil recomendações e cumprimentos, voltamos para a carroça. Ainda vejo os vizinhos ao longe, no meio da rua, os braços erguidos num gesto de adeus. Perdi a metade da laranja que o Manco tinha me dado.

Carta 4

Meu querido Germán:

Se é verdade que há fatos da nossa infância que nos marcam a vida inteira, devo dizer que essa famosa carroça que nos separou da casinha no bairro de San Cristóbal (padroeiro dos viajantes) para sempre foi o começo de uma vida que teria como símbolo e como escola a inclemência dos duros caminhos da América e, mais tarde, dos fabulosos caminhos da Europa.

A carroça nos levou até a Estación de la Sabana. Durante todo o trajeto, a sra. María não disse nenhuma palavra. Estava tão pálida e triste que perguntei se ela ia morrer de novo. Respondeu que não com um gesto. Passamos por tantas ruas grandes, tantas casas com sacada, tantas igrejas, que eu não sabia mais para onde olhar; o susto de ver a sra. María estirada na rua como o general Rebollo na pilha de lixo havia me dado dor de estômago e vontade de vomitar.

Na estação, ela chamou uns homens para tirarem os baús da carroça. Muitas pessoas corriam em todas as direções, carregando malas, sacolas e mochilas. Eu me agarrei à saia da sra. María, e Helena segurou minha outra mão. Demos muitas voltas; a sra. María falou com muita gente e a todo instante abria a bolsa e dava dinheiro em troca de uns papeizinhos que guardava na bolsa. Por fim, subimos no trem; ela sentou junto à janela, mandou Helena sentar ao seu lado e me pegou no colo. Era a primeira vez que me pegava. Eu não sabia o que fazer; ela cheirava a remédios desagradáveis, e, além disso, eu tinha medo de encostar no rosto dela com a minha cabeça. Os passageiros continuavam subindo aos empurrões e com um monte de bagagem. Uns homens gritando entraram com violões e uma garrafa na mão e se puseram a cantar. Eu adormeci antes de o trem partir.

Acordaram-me quando já tínhamos de descer. Estava escuro quando a sra. María bateu na porta de uma casa grande, da qual saiu uma mulher muito gorda, de nariz vermelho e vestida de preto. Essa mulher nos levou a um cômodo enorme que se abria para um pátio, onde havia muitas plantas pendentes no alto, como se tivessem sido plantadas no céu. Ela chamou um menino manco que segurava um pião e o mandou ir até a cozinha avisar que havia mais três pessoas para comer. A sra. María se pôs a conversar com ela e lhe contou o que havia acontecido com o cavalo da carroça no momento de partir. A mulher falou que ia chamar uma curandeira que tratava tudo com sapos quentes sobre a parte doente. A sra. María recusou a oferta, então comemos e fomos deitar.

Ficamos vários dias nesse lugar que eu nunca descobri como se chamava. A sra. María saía quase diariamente, levando Helena com ela, e me deixava aos cuidados do menino manco, que sentava ao meu lado e não parava de rodar o pião. Um dia, ele pôs o pião para rodar na minha mão, e eu senti tanto medo que desatei a chorar. Outro dia, ele me perguntou se eu tinha pai e mãe, e eu lhe perguntei o que era isso; ele respondeu que também não sabia.

No último dia, a sra. María saiu sozinha, de manhã bem cedo. Voltou carregada de embrulhos. Chamou-nos para o quarto e nos mandou tirar a roupa, pois tinha comprado vestidos novos para nós. O de Helena era azul — e foi o que gostei mais — e o meu era rosa. Os dois tinham babadinhos de renda e fitas; eram lindos. Depois que nos vestimos, a sra. María nos mandou para o pátio. Pouco depois, também saiu do quarto e quase não a reconhecemos: estava tão bonita e parecia tão jovem com um vestido cinza cheio de pregas e botões e babados, botas pretas também com muitos botões, e um imenso chapéu cinza com uma espécie de véu que ela amarrou com um laço debaixo do queixo. Todos se aproximaram e a parabenizaram; a dona da casa a tocava em todos os lugares. Chamaram o menino manco para nos ajudar a levar os embrulhos. Caminhamos muitas ruas e chegamos a uma espécie de pasto repleto de cavalos e de uns animais medrosos que eu nunca tinha visto. Helena me explicou que faziam o leite que tomávamos no café da manhã. Havia grupos e mais grupos de homens que eram chamados de índios porque usavam uma roupa diferente da dos homens de Bogotá. A sra. María falou com vários, perguntando a todos pelo sr. Toribio.

Toribio era um índio muito maior que os outros: forte, quase gordo, e com olhos tão pequenininhos que eram quase invisíveis. Ele informou que os cavalos estavam prontos, mas que tínhamos de esperar os índios que foram buscar os baús. Outro índio chegou com os cavalos; eram todos grandes, com exceção de um, muito pequeno e de orelhas compridas, que Toribio disse que se chamava Burro.

O Burro carregava dois assentos amarrados, um de cada lado da barriga. Umas hastes presas no encosto dos assentos sustentavam um lençol que funcionava como uma espécie de toldo. Toribio falou que era para o sol não nos queimar. Os índios nos levantaram e puseram uma de cada lado. Como Helena era maior, o assento dela baixava, e o meu subia. Toribio mandou colocarem do meu lado uma mochila com pedras para igualar o peso. Depois de ajudar a sra. María a montar num cavalo cinza como o vestido dela, os índios amarraram os baús em outros cavalos chamados mulas. Quando tudo estava pronto, Toribio montou num cavalo grande, cor de café com leite. Um índio de pele muito escura, de cara inchada, pôs uma corda no Burro e começou a puxá-lo. Pouco a pouco fomos nos distanciando da cidadezinha até não vermos mais nem as casas nem a igreja.

Não me lembro de toda a viagem, porque dormi quase o tempo todo, e, quando acordava, chorava porque estava cansada e tinha bolhas nas pernas e dor pelo corpo inteiro; no último dia, vomitei muitas vezes. Toribio era muito carinhoso; descia do cavalo, me tirava do assento e me fazia caminhar um pouco.

Passamos a última noite praticamente no mesmo lugar; os cavalos estavam enlameados até a barriga, e não parava de chover. Chegamos a Guateque quando já era quase noite. Toribio estava furioso com os índios e com o Burro, porque andavam muito devagar. Em Guateque, fomos direto para um casarão de dois andares, situado bem perto da praça onde ficavam a igreja e um grande chafariz redondo com muitos jorros de água que saíam da boca de uns bonecos, como se eles estivessem vomitando.

Toribio desceu do cavalo e bateu na porta do casarão, mas ninguém apareceu. Esperamos um pouco, e, por fim, uma mulher saiu da casa da frente e entregou uma carta para a sra. María. Uma chave estava no envelope.

Depois do portão da rua, havia um átrio com pedrinhas brancas e um segundo portão que dava para um jardim grande, cheio de plantas e de árvores. Os corredores eram largos, com colunas de madeira, e as portas de todos os cômodos se abriam para o jardim. O casarão tinha dois andares na parte da frente e um andar no restante. No pátio, que era de ladrilhos, havia dois grandes fornos de pão, a cozinha e outros cômodos. O quintal, onde se podia entrar por uma porta nos fundos, era enorme — além de ter tudo para os cavalos, ainda tinha árvores: um jambeiro, algumas mangueiras e uma goiabeira.

Os índios descarregaram os cavalos e foram embora. Toribio entrou conosco na casa e foi logo abrindo as portas, pegando umas cadeiras no corredor para sentarmos e dizendo que era melhor não irmos para os quartos, pois estávamos quentes e os quartos estavam frios, já que a casa ficara fechada durante anos. Ele perguntou se podia esperar o doutor chegar. A sra. María pediu para ele sentar e começou a perguntar uma porção de coisas sobre a cidade. Nesse momento, jogaram por cima do muro do jardim um cachorrinho branco, que se estatelou no chão, com a barriga inchada como uma bola e os olhos abertos. Toribio falou para não encostarmos a mão nele porque era evidente que tinha sido envenenado. Estávamos todos em volta do cachorrinho quando escutamos uma voz de homem muito rouca perguntar se as viajantes da capital já haviam chegado. A sra. María correu para cumprimentar o visitante, que a abraçou e lhe deu tapinhas nas costas. Toribio tirou o chapéu e fez uma reverência para o recém-chegado.

— E então, Toribio? Cuidou bem da senhorita e das meninas? Por que cargas-d'água demoraram tanto?

— Pois é, doutor, demoramos um dia a mais por causa do Burro, como chamam as meninas. O caminho estava uma desgraça com essa chuva toda, e esse burro sempre foi uma merda para andar por lugares difíceis.

— Tudo bem, Toribio. Vá me esperar no bar. Não fale nada sobre as viajantes, por favor...

— Sim, doutor.

Depois que Toribio saiu, Roberto sentou no pátio, tirou o poncho, deixou-o no chão e pediu para sra. María sentar ao lado dele. Era um homem bonito: alto, esbelto, bronzeado, com dentes lindíssimos, cabelo liso de índio. Usava bota alta de couro com esporas, roupa de lã, um lenço vermelho no pescoço, um poncho branco e um chapéu que, segundo a sra. María, se chamava chapéu de cortiça. Levava na mão uma espécie de chicote com o qual batia de leve nas botas enquanto falava.

— Está muito bonita, senhorita — disse, quando a sra. María sentou ao seu lado.

Ela riu e anunciou:

— Vou lhe apresentar as meninas. Venham, venham cá... Esta é a mais velha e se chama Helena.

— É muito bonita — ele falou. — Que olhos lindos. Venha cá, me dê a mão. — Helena se aproximou e sentou no colo dele.

— E a outra? Como se chama?

— Emma. É a nenê, como diz Helena. A coitada, além de bem feinha, está cada vez mais vesga.

— Não se preocupe, María. O dr. Vargas, meu amigo, vai endireitar os olhos dela.

Eu me pus a chorar.

— Por que está chorando? — Roberto me perguntou.

— Porque o senhor falou que vai arrancar meus olhos — respondi, e os dois riram.

— Bobinha, endireitar não quer dizer arrancar.

Através das lágrimas, vi mais uma vez o cachorrinho morto que caíra do céu. Corri até ele, peguei-o com as duas mãos e, com toda a minha força, joguei-o nas pernas de Roberto. Esse foi o começo e o fim das nossas relações. Nunca mais o vi; porém, a sua sombra permaneceu para sempre na minha vida.

Chefe:

Você não me corrige, e nem sei se o que escrevo é compreensível. Às vezes me parece confuso e não sei se, no conjunto, é possível acompanhar a história. Não tenho cópia, porque escrevo direto, e não me lembro mais do que escrevi antes.

Beijos para todos.

Emma
Paris, setembro de 1969.

Carta 5

Meu querido Germán:

Roberto B., que pertencia à alta sociedade de Guateque, era, além disso, um dos homens mais ricos de Bogotá. Tinha grandes propriedades agrícolas e negociava cavalos e vacas; era casado com uma linda jovem de Tunja, mas não tinha filhos. Assim que se casaram, ele e a mulher foram morar em Guateque, na mesma casa à qual acabamos de chegar. Ficaram ali por vários anos, enquanto construíam uma casa belíssima numa de suas fazendas, às margens do rio Súnuba. Depois que se mudaram, a casa de Guateque ficou fechada, sem ninguém para habitá-la.

Roberto nunca saía nem viajava com a esposa; ela só saía com uma criada para ir à missa num povoado perto do rio.

Roberto era íntimo do pai de Eduardo; os dois estudaram juntos na Europa. A sra. María o conheceu quando Eduardo era recém-nascido e, por puro acaso, voltou a encontrá-lo em Tunja, quando viajou para lá para abandonar o filho.

Foi Roberto quem lhe propôs ir para Guateque e lhe deu uma carta de recomendação na qual pedia ao dono da fábrica de chocolate La Especial que confiasse a loja da cidade a ela. A loja de chocolate ficava na praça, ao lado da igreja. Naquela região, a calçada era bem alta, quase um metro acima do piso da praça, como se fosse uma sacada, com visão total da praça. A loja tinha duas portas grandes, prateleiras que iam até o teto e um balcão envidraçado tão alto que eu nunca consegui olhar por cima dele. Junto às paredes e entre as portas, havia bancos para os fregueses. A loja pertencia a um dos irmãos Montejo, que eram pessoas muito importantes na cidade. Atrás das prateleiras havia um espaço minúsculo onde a sra. María tinha uma mesinha para poder comer sem ser vista da rua. Havia também uma pequena porta que dava para a casa dos Montejo e servia para irem fazer xixi no quintal.

No dia seguinte à nossa chegada, Toribio apareceu de novo, agora com uma índia muito jovem, uma empregada que o dr. Roberto enviara. Ela se chamava Betzabé; era baixinha, tinha o pescoço muito curto, o nariz tão achatado que mal se viam as narinas, olhos lindos e muito vivos, bons dentes, cabelo preto e liso preso em duas tranças firmes. Usava calçados muito brancos com cadarços pretos, uma saia de lã rústica, bem rodada, e, por baixo, várias outras saias de feltro vermelho. Tinha a cabeça coberta por um lenço e um chapéu de palha. Era filha de um dos camponeses que trabalhavam nas fazendas de Roberto. Nesse mesmo dia, a sra. María saiu com ela para fazer compras e pedir aos Montejo a chave da loja.

Depois de uma semana, já estávamos organizadas como se tivéssemos vivido ali o tempo todo.

Em Guateque, a sra. María queria que a chamassem de srta. María. Para nós não fazia diferença, porque não a chamávamos de jeito nenhum; dizíamos "sim, senhora" ou "não, senhora" e, se não falava conosco, continuávamos mudas.

A srta. María decidiu que Helena deveria acompanhá-la ao trabalho diariamente, caso aparecesse alguma encomenda ou precisasse de caixas de chocolate que estavam nas prateleiras mais altas. Quanto a mim, a ordem era ficar em casa com Betzabé e com a porta da rua trancada. Ela não queria que saíssemos nem que falássemos com outras crianças de nenhuma classe social. A srta. María tampouco estabeleceu relações com alguma família ou fez alguma amizade. Betzabé cozinhava e, ao meio-dia, levava uma marmita com o almoço e uma cesta com os pratos e os talheres; esperava até elas acabarem de comer e voltava com os pratos sujos. Enquanto isso, eu ficava trancada em casa. Comparada à casinha de San Cristóbal, em Bogotá, a casa de Guateque era um verdadeiro paraíso. No começo, sentia falta dos amigos do lixo, mas facilmente me acostumei com a solidão. Betzabé trabalhava o dia inteiro, ocupando-se da limpeza e da comida; eu passeava pela casa toda, que me parecia enorme — e realmente era.

A srta. María comprou umas galinhas e um porquinho, que era minha adoração — parece que eu o beijava na boca e dormia abraçada com ele. Pouco a pouco aprendi a subir nas árvores sem ir muito alto e tentar derrubar as frutas com uma vara; claro que me atingi umas mil vezes e me arranhei umas mil vezes também, mas nunca seriamente. As galinhas adquiriram o costume de entrar nos fornos de pão (que não usávamos) para fazer ninho e botar ovo. Quando eu via uma delas entrar no forno, ia atrás, entrava também e ficava ali durante horas, quietinha, esperando-a botar; então, pegava o ovo, ainda quente, e o encostava nas minhas bochechas. Assim que ele esfriava, o levava para Betzabé. Eu também ficava embaixo das árvores, fazia cabaninhas de palha, colhia flores, passava horas conversando com meu porco, que, aliás, me seguia pela casa toda, como um cachorro. De manhã, quando me via, ele grunhia de felicidade. Uma vez, encheu-se de piolhos, e tivemos de tosá-lo para catar todos os piolhos, um a um. Eu vivia suja como o porco, com braços, pernas e rosto arranhados. Sábado era o grande dia: eu tinha de ir com Betzabé lavar roupa no rio. Saíamos de manhã bem cedo. Betzabé levava a trouxa na cabeça e uma cesta com comida para nós duas; eu levava a panelinha de barro para o chocolate. A caminhada era longa e, de vez em quando, Betzabé me carregava no colo para irmos mais depressa. O Súnuba foi o primeiro rio que eu vi na vida e me parecia imenso. Havia muitas árvores nas margens: abacateiros, goiabeiras, laranjeiras... Sempre íamos ao mesmo lugar, a uma curva de onde avistávamos a ponte. Assim que chegávamos, Betzabé tratava de ensaboar as roupas e estendê-las no chão para quarar; depois, íamos catar lenha e colher frutas. Na volta, acendíamos o fogo e púnhamos a panela com as batatas e as espigas de milho. Enquanto a sopa cozinhava, Betzabé enxaguava a roupa e eu soprava o fogo e cuidava da panela. Quando ela acabava de estender a roupa, nos despíamos; Betzabé punha uma camisola comprida e sem mangas, me pegava no colo, nua como eu estava, e entrávamos na água. Que felicidade! Eu queria que esses banhos não terminassem nunca. É claro que, quando caía uma tempestade e o rio enchia, não podíamos tomar banho ali. Foi horrível uma vez que tínhamos acabado de nos vestir e estávamos almoçando, quando, de repente, o rio subiu vários metros. Perdemos quase toda a roupa, Betzabé só conseguiu salvar os lençóis. Com uma rapidez incrível, ela me levantou e me deixou no alto de uma árvore. Eu me agarrei ali com todas as forças, sentindo que a violência da água fazia a árvore estremecer desde as raízes. Betzabé enfrentou a correnteza, segurando-se nos galhos para chegar até a ponte, onde se pôs a gritar. Logo apareceram muitos índios, que se amarraram pela cintura com umas cordas e, todos juntos, desceram até a árvore a que eu estava agarrada e me pegaram. Naturalmente, perdemos a panela com toda a comida e voltamos mais cedo para casa, muito agitadas. Betzabé chorava porque achava que a srta. María ia mandá-la embora por causa da roupa perdida, mas, ao contrário, a srta. María riu muito da nossa aventura e falou que a roupa não importava.

A loja também abria aos domingos, porque muita gente dos campos e dos vilarejos vizinhos ia comprar chocolate. Eu quase não via Helena e a srta. María. Quando saíam de manhã cedo, eu estava dormindo, e, quando voltavam, tarde da noite, eu já estava deitada. A srta. María tinha se instalado na parte da frente da casa, no primeiro andar, onde arrumou um quarto e uma saleta só para ela. Nós dormíamos num quarto nos fundos, ao lado do quartinho de Betzabé. Só íamos ao apartamento da srta. María quando ela nos chamava, o que raramente acontecia.

Pouco depois que chegamos a Guateque, a srta. María adoeceu e ficou muito mal. O médico aparecia várias vezes por dia, e não podíamos subir para vê-la. Como a loja estava fechada, Helena passava o dia comigo, mas não brincávamos juntas como antes. Ela não gostava do porco, nem das galinhas, nem de subir nas árvores. Pela primeira vez, começamos a brigar. No entanto, se eu corria algum perigo ou caía, Helena sempre era muito carinhosa comigo. Nessa época, começaram a chegar de Bogotá novas remessas de chocolate, e os tropeiros que conduziam as mulas carregadas dormiam em nosso quintal com a carga e os animais por dois ou três dias. Faziam muita comida e sempre nos mandavam um prato cheio. À noite, tocavam violão e cantavam e, às escondidas da srta. María, nos punham no lombo das mulas e nos levavam a dar voltas pelo quintal. Essa era mais uma grande festa para nós.

Quando levantou da cama, a srta. María estava muito magra e pálida, e passava só a metade do dia na loja. Pouco a pouco, a vida voltou a ser como antes, quer dizer, voltei a ficar sozinha na casa. Um domingo, a srta. María chegou chorando e contou à Betzabé que o padre a havia insultado em público, porque era a única mulher que ia à igreja de chapéu, enquanto as outras usavam lenços ou xales, e dissera que era sempre da capital que vinham as coisas ruins, os vícios e o pecado. Ela realmente abandonara para sempre o lenço, fazia uns chapéus muito extravagantes e não se vestia mais de preto, mas de cores claras. Segundo Helena, Roberto trazia de Bogotá muitos desses vestidos e chapéus.

Em outra ocasião, a srta. María chegou furiosa, sem chorar, decidida a declarar guerra ao padre. Ele havia criticado seu comportamento escandaloso, já que a partir das seis da tarde todos os homens de Guateque se reuniam na loja de chocolates. O dr. Vargas, que ainda não era casado, o engenheiro Camacho, representante das máquinas Singer, um tal advogado Murillo e outros, que variavam conforme o dia. Sentados nos bancos, discutiam política, falavam de mulheres, recitavam poesias, cantavam, criticavam o clero... Às vezes, riam tão alto que o padre, que morava do outro lado da praça, não conseguia dormir. Essas reuniões se estendiam até as nove ou dez da noite, hora absolutamente escandalosa para uma cidadezinha como aquela. E o fato de a srta. María ser a única mulher presente e estar no centro das reuniões era o que deixava o padre furioso a ponto de fazê-lo declarar guerra contra ela. Um dia, durante uma procissão na praça, o padre teve a capacidade de abandonar o cortejo, subir na calçada com passos largos e entrar na loja de chocolate com um crucifixo e um balde de água benta, que derramou por todo o piso enquanto rezava para o diabo sair dali. Esse ato público era tudo que faltava para as famílias de bem repudiarem definitivamente a srta. María. As senhoras decentes de Guateque nunca mais puseram os pés na loja; quando queriam chocolate, mandavam a empregada ou um índio qualquer buscar, e parece que algumas preferiam encomendar o produto em Tunja.

Helena, que ficava na loja com a srta. María até a hora de fechar, dizia que todos eram muito respeitosos, que ela falava um bocado, sempre coisas agradáveis, e que os homens adoravam escutá-la. Claro que Helena dormia durante praticamente todo o tempo das visitas e não lembrava nada em especial sobre os temas abordados. Além do mais, era muito pequena para poder avaliar.

Roberto só aparecia nos dias de feira e preferia ir à nossa casa, depois que a srta. María fechava a loja; por isso nunca mais voltei a vê-lo.

A srta. María adoeceu de novo. Betzabé explicou que foi por causa dos desgostos que o padre lhe causara. A loja ficou fechada mais uma vez, e o médico vinha diariamente. Não podíamos subir.

Um dia, de manhã, Betzabé foi nos buscar no pátio e informou que a srta. María estava muito mal e precisava dela o tempo todo, por isso lhe ordenara que nos trancasse no quarto de despejo, o único que tinha chave.

Entramos lá sem reclamar. Acho que ambas pensamos na mesma coisa: na época em que morávamos naquele cômodo de Bogotá. Mas o quarto de despejo tinha uma pequena janela pela qual entrava luz e víamos um pedacinho do céu. Nesse quarto também ficavam os sacos de batata e de rapadura. Com muita paciência, rasgamos o saco de rapadura e cada uma comeu uma rapadura inteira. Naturalmente, quando Betzabé nos tirou de lá, estávamos morrendo de dor de barriga e com uma diarreia que durou vários dias.

O médico que estava cuidando da srta. María mandou nos dar água de arroz e água de casca de romã. Quando melhoramos, Betzabé falou que a srta. María queria nos ver e nos mandou subir.

Lembro que subimos e entramos correndo no quarto.

A srta. María estava na cama, com a longa cabeleira solta, uma camisola azul com renda branca e um recém-nascido nos braços. Quando vimos o menino, ficamos paralisadas. Helena pegou a minha mão e me fez andar para trás até encontrarmos a parede oposta à cama. Ali permanecemos, como se estivéssemos hipnotizadas.

— O médico me trouxe este bebê de presente — a srta. María anunciou numa voz quase infantil. — Venham vê-lo.

Não arredamos pé. Helena continuava apertando minha mão com toda a força. O menino se pôs a chorar e saímos correndo; não nos aproximamos da cama e descemos a escada sem pronunciar nenhuma palavra. Fomos direto para o pátio e entramos no forno. Não conversamos, não choramos, não brincamos; simplesmente ficamos encolhidas dentro do forno, como se esperássemos pelo ovo da galinha. Porém nesse dia não havia galinha nem ovo, apenas a visão de um bebê que estava nos braços da srta. María, lá no primeiro andar.

Carta 6

A srta. María passou vários dias no quarto com o bebê. Não lembro como nem quando voltamos a ver o menino; só lembro que um dia Betzabé esvaziou o quarto de despejo, o mesmo em que nos trancara na noite em que a srta. María esteve doente. Esse cômodo ficava no centro da casa, por assim dizer, entre o jardim e o quintal. A srta. María, com o filho no colo, administrava o trabalho. Mandou lavar o chão, que era de ladrilhos, e deixar ali uma espécie de cesto de palha que estava no quarto dela e servia de berço para o menino. Os únicos móveis que permaneceram foram uma cadeira de balanço e uma mesa velha, onde ficavam as três únicas camisas que o bebê tinha. Na manhã seguinte, quando foi me acordar e me vestir, Betzabé me contou que a srta. María e Helena tinham voltado a trabalhar na loja. Foi a primeira vez que perguntei pelo bebê. Betzabé respondeu que ele estava no quarto de despejo.

Pulei da cama, corri até lá e entrei na ponta dos pés. O berço estava sobre uma esteira no meio do quarto. Sentei no chão e fiquei observando o menino detalhadamente, parte por parte. As orelhas eram pequenininhas, perfeitas; o rostinho muito branco; os lábios grossos; o cabelinho preto; os pés longos e finos; as mãos pequenas, com os dedos tão apertados e úmidos que não consegui abri-las. A boca estava entreaberta e parecia rir. Betzabé logo chegou com a mamadeira, pegou o bebê e sentou na cadeira para lhe dar de mamar. Ele abriu os olhos: pretos, enormes, como os de Eduardo. Eu não me cansava de olhar para ele. Perguntei como se chamava, e Betzabé respondeu que a srta. María havia dito que se chamaria José sem Sal, pois não tinha a intenção de batizá-lo. Helena e eu o chamávamos de Menino.

A minha vida mudou. Nem o porco, nem as galinhas com seus ovos, nem as árvores com suas frutas, nem nada mais me interessava; eu só queria ficar com o bebê. Se estava acordado, eu sentava ao lado dele e conversava e brincava; se estava dormindo, eu sentava na porta e esperava ele acordar; se chorava, eu gritava por Betzabé, para lhe dar a mamadeira. A srta. María tinha proibido terminantemente que o tirássemos do quarto; não queria que os vizinhos o vissem, nem que o escutassem chorar. Como não tomava ar nem sol, ele estava cada vez mais branco, quase transparente, mas estava crescendo e engordando. Toda a sua vestimenta se resumia a uma camisa de bebê de feltro branca e a uma faixa comprida enrolada na cintura, que chamavam de cinteiro e que, segundo Betzabé, não se podia tirar, porque senão a alma sairia pelo umbigo. Perguntei o que era alma e ela respondeu que era tudo o que a gente tinha por dentro.

Como não tinha fralda nem calça, o Menino fazia cocô e xixi no berço, que ficava forrado com um pedaço de tecido impermeável vermelho. Betzabé me ensinou a limpá-lo com folhas língua-de-vaca que pegávamos no quintal, mas, como eu dormia à noite, geralmente o encontrava de manhã lambuzado de cocô até o cabelo.

A srta. María retomou a antiga rotina, o que significa que saía de casa às seis da manhã e voltava tarde da noite. Só via o filho no sábado, quando ficava em casa com Helena e eu ia com Betzabé lavar roupa no rio.

Quando o Menino estava maiorzinho e já se movimentava muito, o berço de palha foi substituído por um caixote de chocolate. Esse caixote era muito fundo, e eu tinha de esticar o braço ao máximo para conseguir limpar a base. Quando Betzabé não estava por perto, eu subia numa pedra e escorregava para dentro do caixote, o que fazia o Menino rir e gritar de alegria. Assim como o porco era meu e ninguém se preocupava com ele, eu tinha a impressão de que o Menino também era só meu.

Só me levavam à loja quando havia festa na praça. Um dia, a srta. María ordenou a Betzabé que, à tarde, me vestisse e que fosse comigo até a loja, pois haveria fogos de artifício e *vacas locas*.* Naturalmente, o Menino ficou em casa sozinho, com a porta trancada. Quando chegamos, a praça já estava lotada, bem como o átrio da igreja e as calçadas. Alguém me levantou e me sentou no balcão da loja. Os fogos já tinham começado, e a cantoria ao som de violão tomava o lugar. De repente, escutamos um barulho assustador, que não se parecia com nada que conhecíamos. As pessoas se puseram a correr em todas as direções; a maioria se refugiou na igreja, outras entraram nas casas, os meninos subiram nas árvores. A loja, situada na parte alta da calçada, ficou apinhada de gente. O barulho se aproximava cada vez mais. De repente, vimos surgir por trás da igreja um monstro negro, terrível, que avançava rumo ao centro da praça. Os olhos enormes eram amarelos e tão luminosos que clareavam metade da praça. Todo mundo se ajoelhou e começou a rezar e a se

---

* *Vacas locas* ou *vacaloca* é uma brincadeira popular que consiste em correr atrás de pessoas com uma fantasia de vaca ou com uma cabeça de vaca. (N. T.)

benzer. Uma mulher que estava com dois meninos pequenos jogou-os no chão e se deitou sobre eles, cobrindo-os como uma galinha sobre os ovos. Alguns homens se dirigiram para o centro da praça com grandes varas nas mãos. O animal se deteve no meio da praça e fechou os olhos. Era o primeiro automóvel que chegava a Guateque.

Tchau.

Esta noite, chega o primeiro homem à Lua. Beijos.

Emma
Paris, 1969.

Carta 7

Meu querido Germán:

A chegada do primeiro automóvel, os fogos e as *vacas locas* marcaram o início de uma semana de festas para comemorar a visita do governador de Boyacá. As festas se encerrariam no domingo com uma grande tourada. Era a primeira vez que Helena e eu íamos ver uma tourada, e, para essa ocasião especial, a srta. María fez para nós vestidos de algodão fino verde com barra vermelha e babadinhos, e comprou um xale com franja de seda e calçados novos para Betzabé.

Almoçamos em casa, nos vestiram, deram a mamadeira para o bebê e fecharam todas as janelas e portas. Deixando o Menino completamente só, fomos para a loja.

Haviam rodeado toda a praça com uma cerca de bambu para que os touros não escapassem. No átrio da igreja, haviam montado tribunas de madeira e uma espécie de grande trono coberto com tecido vermelho, que era para o governador. As janelas e sacadas das casas estavam enfeitadas com guirlandas de flores de papel e com a bandeira nacional.

A banda que tinha vindo de Guatavita já estava no átrio. Pouco a pouco, as sacadas das casas nas esquinas da praça se encheram de gente e, por trás das cercas, apinhavam-se índios de todos os vilarejos vizinhos.

Com a ajuda de Betzabé e alguns caixotes de chocolate vazios, a srta. María ergueu uma espécie de barreira para impedir que as pessoas entrassem na loja; desse modo, as duas portas ficaram bloqueadas. Quanto a nós, fomos instaladas nos bancos, dentro da loja. Como nessa parte a calçada era muito mais alta que a praça, conseguíamos avistar a praça inteira. Soltaram os primeiros fogos de artifício e a banda começou a tocar o guatecano.* Todo mundo gritou e aplaudiu os músicos; os fogos aumentaram e, no outro extremo da praça, surgiu a comitiva do governador. Na frente, estavam as filhas dos Montejo, com vestidos longos brancos, coroas de flores e umas asas brancas de papel parecidas com as das galinhas. A srta. María disse que elas eram anjos e que tinham asas para voar até o céu. Cada uma levava na mão uma cesta de pétalas de flores que jogavam no chão para indicar o caminho ao governador. Atrás dos anjos, estavam as senhoras Murillo, as Montejo, as Bohórquez e as irmãs do padre, carregando um grande estandarte com muitas fitas coloridas. O estandarte exibia a imagem da Virgem de Chiquinquirá. Atrás delas, vinham uns soldados e, por fim, a grande cavalaria que acompanhava o governador. Ali estavam os maridos das senhoras que carregavam o estandarte, o prefeito, o médico, o nosso amigo Roberto num cavalo preto e, ao lado dele, o governador num grande cavalo branco. O padre esperava a comitiva no átrio da

---

* "El Guatecano" é uma canção popular colombiana composta por Emilio Murillo Chapul (1880-1942), natural de Guateque. (N. T.)

igreja, a banda continuava tocando o guatecano, os homens tiravam o chapéu e alguns gritavam vivas ao partido liberal, enquanto outros gritavam vivas ao partido conservador.

O governador e a comitiva circundaram a praça, sob aclamações e cravos lançados das sacadas. Helena e eu dávamos pulos de alegria. Quando a comitiva se aproximou da loja, a srta. María correu para se esconder atrás da porta. Nesse instante, constatamos que o governador, que estava ao lado de Roberto, era o mesmo homem que nos visitara na casinha de San Cristóbal, em Bogotá. Assim que o vi, comecei a gritar:

— Vem ver, srta. María! Vem ver! É o pai do Eduardo! O pai do Eduardo! O pai do Edu...

A resposta que recebemos foram uns beliscões nas pernas que nos arrancaram lágrimas. Furiosa como nunca a tinha visto, a srta. María nos agarrou pelo braço, nos jogou no chão, tirou uma das botas e começou a nos bater na cabeça, na cara, onde acertasse.

— Linguarudas! Linguarudas! Linguarudas... — Era a única palavra que lhe saía da boca. Quando cansou de nos surrar com a bota, resolveu nos agarrar pelas tranças e bater a nossa cabeça na parede; nosso sangue escorria pelas pernas e pelos braços. Betzabé lhe suplicava que parasse. A srta. María nos empurrou para trás do balcão e ordenou que não saíssemos dali. As duas voltaram para a porta. A multidão ainda gritava vivas ao governador, a banda tocava o guatecano mais uma vez, os fogos estouravam por todo lado. Quando entraram os touros, Betzabé foi nos buscar e nos levou até uma porta. A srta. María estava na outra, falando com um homem que lhe entregou uma carta.

O primeiro touro era meio cinza, babava e parecia furioso. O toureiro era comprido e magro, com uma calça branca curta demais para ele, o chapéu numa mão e um pano vermelho na outra, com o qual chamava o touro. Os fogos continuavam estourando, e a banda se pôs a tocar novamente o guatecano. A srta.

52

María se virou e nos mandou voltar para o lugar do castigo, atrás do balcão. A tourada prosseguiu e nós adormecemos, deitadas no chão. Acordei com uma gritaria assustadora; a barreira de caixotes desabou e, num instante, a loja ficou apinhada de homens, mulheres e crianças que fugiam de um touro que os perseguia. Um homem decidiu pegar umas caixas de chocolate nas prateleiras e jogá-las na cabeça do animal. O touro parecia tranquilo, com as patas dianteiras sobre o balcão. Por fim, quatro homens o agarraram pela cauda e se puseram a puxá-lo por trás. O touro deu duas patadas e saiu correndo atrás de uma mulher vestida de vermelho. Betzabé nos tirou de trás do balcão, nos colocou sobre um caixote e apontou para alguma coisa do outro lado da praça; todo mundo apontava e olhava para o mesmo lugar. A princípio, só vi uma enorme coluna de fumaça preta. Pouco a pouco, avistei as chamas, altas como as torres da igreja e muito lindas, com todos aqueles tons de vermelho, amarelo e violeta; as casas e as pessoas se tornaram quase invisíveis por causa da fumaça que invadiu a praça. Todo mundo gritava e corria em todas as direções.

Os touros também corriam atrás da multidão, jogando no chão pequenos e grandes, homens e mulheres. Muita gente saía das casas com baldes, panelas e potes para pegar água no chafariz; alguns homens munidos de cordas e varas tentavam laçar os touros que continuavam soltos; os sinos da igreja tocavam desesperadamente; as labaredas subiam sem parar. Um touro ergueu com os chifres uma velha muito gorda que carregava duas vasilhas, cada uma apoiada numa anca. Ela caiu bem no meio do chafariz e quase derramou toda a água que havia ali. Alguns homens corriam com ramos verdes e sacos de terra. A cidade inteira estava em polvorosa, todo mundo tratava de fazer alguma coisa para apagar o incêndio. O vento soprava na direção do fogo, as labaredas saltavam de uma casa à outra. Ficamos só nós na loja, e eu não conseguia tirar os olhos das chamas. Um dos

Montejo apareceu e contou para a srta. María que o incêndio havia começado no hospital, com um dos fogos acesos que caiu no telhado de palha. Os cinquenta doentes que estavam internados morreram sem poder sair de lá, porque, antes de ir para a tourada, o diretor os trancara. Por sorte, o hospital ficava no lado oposto ao da nossa casa, ou seja, na parte baixa da cidade. As labaredas continuavam saltando de uma rua à outra; as mulheres se prostravam no átrio da igreja, rezando e gritando; os homens continuavam passando ramos, que mais pareciam árvores e terra. O incêndio durou três dias e reduziu toda a parte baixa da cidade a cinzas. Os mortos e feridos, vítimas do fogo ou dos touros, passaram de cem. O céu ficou cinzento, quase preto, durante muitos dias; e o cheiro de queimado penetrou todas as casas, todos os cômodos, a roupa, a comida, a água. Eu me lembrarei desse incêndio como o espetáculo mais lindo e extraordinário da minha infância. Por muito tempo acreditei que o incêndio fazia parte das festas em homenagem ao senhor governador.

Paris, outubro de 1969.

Carta 8

Meu querido Germán:

Depois das festas e do incêndio, tudo retomou o ritmo de sempre. Apenas uma novidade ocorreu na nossa vida: a srta. María adquiriu o hábito de nos bater e, como quando batia numa a outra também chorava, decidiu que, independentemente de quem cometesse a falta, as duas apanhariam. Um dia, chegou em casa de péssimo humor. Encontrou o Menino chorando, porque estava na hora da mamadeira, e resolveu lhe dar banho. Depois que o despiu, ergueu-o bem alto e, fitando-o no rosto, disse:

— Este desgraçado está começando a se parecer com o Eduardo.

Helena comentou que teria sido melhor ela ter ficado com Eduardo do que ter mandado fazer outro menino, porém, mal terminou a frase e já estava levando umas bofetadas de arrebentar. Antes que a srta. María acabasse de surrá-la, corri para me esconder no forno, o único lugar onde ela não podia entrar.

No dia seguinte, a srta. María não foi trabalhar e passou o tempo todo no quarto; quando Betzabé levou-lhe o almoço, disse que não queria comer. Quando começou a escurecer, nos mandou subir. Todas as coisas estavam fora do lugar, e no meio do quarto havia dois baús abertos, onde ela havia começado a guardar a roupa. Ela nos informou que íamos voltar para Bogotá e nos acusou de ser a causa de todas as suas desgraças.

— Sem vocês, minha vida seria muito diferente. Eu nunca teria vindo para esta porcaria de cidade. Poderia estar bem longe e ter de tudo na vida, mas com vocês me atrapalhando, estou presa como um animal, isto é, presa como uma vaca. Mas eu lhes garanto que esta situação não vai continuar. Eu juro. E vocês vão lembrar das minhas palavras, porque, na primeira oportunidade que aparecer, vou dar vocês para alguém, não importa para quem. E agora chispem daqui para eu não ver vocês nunca mais, porque senão vou arrebentá-las a pauladas.

Descemos a escada de mãos dadas, fomos para o quarto do Menino, sentamos ao lado do caixote e choramos. O Menino nos fitou com os olhos arregalados e, como se tivesse percebido a profundidade do nosso sofrimento, pôs-se a derramar rios de lágrimas, sem soltar um ruído sequer. Só fazia beicinho e olhava para nós com profunda tristeza.

Os preparativos para a viagem se estenderam por vários dias. Como não ia trabalhar, a srta. María estava sempre em casa e, sem mais nem menos, gritava com a gente e nos dava uma surra de cinta. Esses dias foram muito longos e tristes.

Na véspera da partida, Toribio trouxe os cavalos e três índios; todos ficaram no quintal, onde cantaram, tocaram violão e dormiram. Toribio gostava muito de mim e me deu um cestinho de cerejas de presente. Quanto a nós, passamos a noite no mesmo quarto; dormimos no chão, nas esteiras, e o Menino dormiu no caixote dele, como sempre. Quando me acordaram,

56

ainda estava escuro. Betzabé já tinha feito o café, e a srta. María estava dando banho no Menino, o que não fazia praticamente nunca, pois só quem limpava a cara e a sujeira dele era eu.

Helena me ajudou a me vestir, enquanto Betzabé arrumava num cesto os quatro trapinhos em que se resumia toda a roupa do Menino. Enquanto eu tomava meu chá de rapadura e comia meu pãozinho de milho, as duas envolveram o Menino numa manta e o amarraram com uma faixa branca. Betzabé desceu para trançar o cabelo e buscar o xale. Muito nervosa, a srta. María se pôs a gritar para que se apressasse, porque íamos nos atrasar.

Betzabé pegou o Menino e o cestinho com a roupa dele, segurou-me pela mão e saímos quase correndo. Os cavalos relinchavam, e Toribio cantava no quintal.

Betzabé me falou que íamos até o rio. Estava tão escuro que eu nem enxergava o caminho, e ventava como no dia do incêndio. Quando chegamos à ponte — que eu conhecia muito bem —, em vez de descer para o lugar onde sempre lavávamos a roupa, ela seguiu em frente, e logo chegamos a um caminho arborizado que margeava o rio e terminava num casarão branco com telhas, não palha, na cobertura. Betzabé me mandou esperá-la perto de uma árvore torta que se debruçava sobre o rio. Eu segui Betzabé com os olhos, vendo-a andar na ponta dos pés, muito rápido, como se quisesse voar. Assim que chegou à casa, deixou o cesto junto à porta, na qual encostou o Menino, firmando-o bem. Quando lhe cobriu a cabeça com a manta, me dei conta de que tínhamos ido até ali para abandoná-lo. Tentei gritar e não consegui. Com as pernas trêmulas, saltei como uma mola na direção da porta. Betzabé me alcançou e me segurou pela perna; me joguei no chão e comecei a bater a cabeça na terra, sentindo-me sufocada. Betzabé se esforçava para me levantar, mas eu me agarrava nas plantas e me contorcia como uma lombriga. Quase cochichando, Betzabé me implorava para eu levantar, para não fazer barulho, para sairmos dali antes que alguém acordasse. Eu continuava agarrada nas plantas e com a cara grudada no chão.

Acho que, nesse instante, de uma tacada só, aprendi o que é injustiça e descobri que uma criança de quatro anos já pode sentir vontade de não querer viver mais e de ser devorada pelas entranhas da terra. Esse dia ficará na minha memória como o mais cruel da minha existência, sem dúvida.

Eu não chorava, porque lágrimas não bastariam; nem gritava, porque meu sentimento de revolta era mais forte que a minha voz. Ajoelhada ao meu lado, Betzabé me suplicava para eu levantar. O Menino se pôs a chorar, e parecia que o choro dele saía do fundo da terra. Ergui a cabeça e vi o rosto de Betzabé banhado em lágrimas. Perdi toda a resistência, estendi-lhe a mão, e ela me pegou nos braços e começou a correr como louca. Apertava-me com toda a força contra o corpo, quase sem respirar, e as suas lágrimas caíam atrás da minha orelha e deslizavam pelo meu pescoço. Só parou ao alcançar a ponte. Do resto, só me lembro do momento em que Toribio me instalou no assento da mula que ia nos transportar até Bogotá. Helena me disse que passei três dias sem falar. A srta. María temia que eu tivesse ficado muda. A viagem de volta foi igual à de ida, com a diferença de que Betzabé estava conosco e o Burro foi substituído por uma mula muito rápida. Não me lembro dos detalhes porque certamente não tinha mais interesse pela vida. A primeira viagem representara o abandono de Eduardo; a segunda, o abandono do Menino.

Sinhozinho, estou triste porque esta carta não saiu como eu queria, mas não me sinto capaz de refazê-la.

Beijos para toda a família, e não se esqueçam de mim.

Emma
Paris, outubro de 1969.

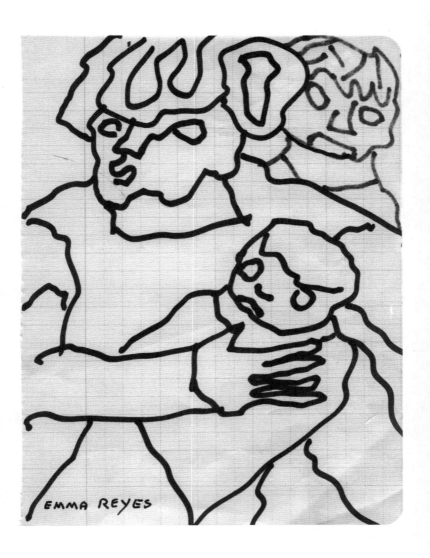

Carta 9

Meu querido Germán:

Em Bogotá, fomos para uma pensão miserável, próxima à Estación de la Sabana, onde nos amontoamos num único quarto com telhado de zinco e piso de ladrilho, situado nos fundos, ao lado da lavanderia. Não só morríamos de frio, como tínhamos de acender velas em pleno dia para poder enxergar alguma coisa, tamanha era a escuridão. A sra. María saía diariamente e só voltava à noite. Deixava dez centavos para nós três comermos, que só davam para comprar pão e rapadura. Passávamos o dia no quarto ou sentadas no quintal, quando fazia um pouco de sol. Betzabé chorava o tempo todo, dizia que queria voltar para Guateque; tinha pavor de sair à rua e pedia a duas velhinhas que moravam no mesmo quintal que comprassem o pão e a rapadura, pois a venda ficava a três quarteirões dali, e ela morria de medo de ir tão longe numa cidade tão grande. Nessa pensão também morava uma mulher de Tunja que vivia com um policial. Ela tinha duas filhas bem mais velhas que nós e era uma pessoa muito simpática, a única que conversava um pouco conosco. Quando soube que só comíamos pão e rapadura, falou para Betzabé que isso era péssimo, ia nos dar lombrigas e era muito pouco; também falou que fazia para ela e para as filhas uma sopa grossa, bem mais nutritiva.

Quando estavam conversando sobre o custo da sopa, chegaram as duas velhinhas que nos traziam o pão e a rapadura. Não sei como resolveram que, com os nossos dez centavos, mais dez das velhinhas e outros dez da mulher do policial, poderíamos fazer uma sopa com carne, batatas e favas para todos. Só havia um problema: arrumar uma panela bem grande, pois, segundo a mulher do policial, com todo esse dinheiro, teríamos tanta sopa que cada uma poderia tomar dois pratos, um ao meio-dia e outro à noite. Betzabé disse que tinha economizado cinco centavos e se prontificou a doá-los para a compra da panela; cada uma das velhinhas ofereceu um centavo; e a mulher do policial alegou que, sendo a dona da cozinha, não daria nada para comprar a panela. Atrás da estação de trem havia um mercado, e decidiram ir lá, todas juntas, para saber quanto custava uma panela de barro grande. Custava vinte centavos, e só tínhamos os cinco de Betzabé e os dois das velhinhas, ou seja, sete. Betzabé contou a história para a sra. María, que, depois de reclamar que íamos arruiná-la, contribuiu com cinco centavos para a compra da panela. De manhã, comunicamos a grande notícia: já tínhamos doze centavos. A mulher do policial disse que era bom e que ia colaborar com os três centavos que havia guardado para comprar sabão. Na parte da frente, morava uma senhora um pouco negra com um filho que trabalhava no trem. Como carregava carvão para as máquinas, esse rapaz estava sempre enfarruscado e, por isso, nos dava medo. A mulher do policial resolveu perguntar a eles se queriam participar da vaquinha, e eles aceitaram. No mesmo dia, todo mundo saiu para comprar a panela. No dia seguinte, tomamos a primeira sopa comunitária, e foi uma verdadeira festa; envolveram a panelona em muitos trapos e a puseram no quintal, em cima do ralo, e todos a rodeamos, cada qual com um prato na mão. Havia exatamente um pedaço bom de carne para cada um de nós, além de muita batata, fava e couve. Essa sopa era uma espécie de angu. A mulher do policial fazia as compras e nos servia. Naturalmente, todos se tornaram amigos, e Betzabé se tornou muito amiga do rapaz do carvão. A sra. María nunca participou dessas refeições; em geral, não estava, mas, se estava, preferia ficar no quarto. Também não fez amizade com ninguém; limitava-se a dizer bom-dia e saía andando. Dizia que aquelas pessoas eram muito vulgares, mas não achava ruim que tomássemos a sopa com elas diariamente.

Já fazia mais ou menos um mês que estávamos na pensão, e a sopa comunitária era nossa única diversão. O segundo prato, sem carne, era posto para aquecer às seis da tarde; quem chegava por volta dessa hora já sentava no quintal e esperava a panela chegar. Quando a panela aparecia, todos gritávamos de felicidade. Foi justamente numa dessas tardes que o policial, o marido da d. Inés (como a chamávamos), apareceu. Agachada com o prato e a concha na mão, ela ia começar a servir a sopa e todos nós estávamos com os olhos fixos na panela. Foi o tá-tá dos disparos que nos fez erguer os olhos. O policial, com o revólver na mão, tinha acabado de dar dois tiros na mulher, que caiu como uma pedra sobre a panela de sopa. A panela se quebrou em mil pedaços, todo mundo correu, Betzabé nos jogou no quarto e nos trancamos lá. A mulher não morreu, porém nunca mais tomamos a sopa comunitária. Angariar dinheiro de novo para comprar outra panela era absolutamente impossível, e, no nosso caso, a sra. María nos proibiu de ter qualquer contato com os moradores da pensão. Poucos dias depois, ela nos comunicou que lhe haviam dado a loja de chocolate de um lugar chamado Fusagasugá.

Fizemos uma parte da viagem de trem e o restante a cavalo, mas o caminho não se parecia em nada com o de Guateque: era muito mais montanhoso e fazia muito frio. Os índios que nos acompanharam beberam chicha durante todo o trajeto, e Toribio não estava lá para cuidar de nós. Chegamos a Fusagasugá debaixo de uma tremenda chuva, e ninguém sabia informar onde era a loja. Quando a encontramos, já estava escuro. Ficava na casa do teatro, um sobrado enorme. Primeiro, havia uma imensa porta de madeira, que era a entrada do teatro; depois, um local onde se vendiam os ingressos, um amplo depósito com portas que também davam para a rua e que estavam sempre fechadas e, por último, a loja, que, como a de Guateque, também tinha duas portas. No fundo, atrás das prateleiras, havia uma porta que dava para o interior da casa e, à direita, a escada que levava ao primeiro andar. Os dois primeiros cômodos, situados exatamente sobre a loja, foram reservados para nós. Os outros seis raramente eram abertos, pois estavam cheios de aparelhos de iluminação e móveis que pertenciam ao teatro, e apenas duas ou três vezes por ano passava uma companhia de teatro ou de balé por ali. Lá fora ficava o grande pátio com bancos presos ao chão para que o público não os tirasse do lugar; sendo um espaço descoberto, não havia espetáculo quando chovia. Um muro muito alto se erguia à esquerda, e o restante da casa se situava à direita. No corredor, havia mais dois cômodos que serviam de depósito para as caixas de chocolate. Todas as outras portas e janelas tinham grades de ferro. Uma portinha, também com grade de ferro, dava acesso a essa parte da casa, na qual só podiam entrar as proprietárias, as srtas. Castañeda, duas irmãs velhas que cuidavam de um irmão mais novo que estava louco, louco furioso. Nunca fomos lá, mas a velha empregada contou para Betzabé que o louco ficava no pátio, acorrentado, pois as irmãs gostavam muito dele e não queriam que fosse para o hospício. As proprietárias nunca saíam; só vi a cabeça de uma delas um dia. As únicas pessoas que entravam e saíam eram a empregada e um velho advogado que administrava a casa e o teatro. No fundo do pátio dos bancos ficava o palco, uma enorme caixa de madeira coberta de zinco. Atrás do palco havia duas escadas, uma de cada lado, que levavam para outro grande pátio, onde se enfileiravam uns barracões de madeira que eram um paraíso para mim.

Ali havia vestidos de todas as cores, compridos e curtos, capas, mantos, coroas, espadas, leques, colares, botas, luvas, chapéus, perucas de todas as cores e mil e uma coisas que vi pela primeira vez na vida e que nem Betzabé nem Helena sabiam como se chamavam ou para que serviam. Na época, uma companhia espanhola ensaiava lá diariamente. Eu não entendia nada do que diziam, mas vê-los caminhar, entrar, sair, correr e falar bastava para me divertir, e com eles aprendi a brincar de teatro. Eu me vestia de mil formas, subia no palco e inventava todo tipo de história. Geralmente me imaginava conversando com o Menino ou com Eduardo ou com os dois; às vezes, Helena fazia o papel da sra. María e eu o de Betzabé. Representávamos a sopa comunitária e a d. Inés caindo em cima da panela. Um dia, quisemos encenar o incêndio de Guateque, mas Betzabé apareceu, tirou os fósforos de nós e nos bateu. A sra. María resolveu matricular Helena na escola das srtas. Mojica para aprender a ler; não me aceitaram porque eu era muito pequena. A cozinha ficava no mesmo pátio dos barracões de figurinos. Eu gostava muito dessa casa, principalmente do teatro; só estava proibida de sair para a rua ou de ir até a loja incomodar a sra. María. Só tínhamos de ficar trancadas nos quartos de cima quando havia festa no teatro. Um dia, depois de um grande evento, deixaram no palco um móvel grande e uns caixotes com uns rolos de papel cheios de furinhos. Eu os desenrolei um a um, os estendi pelos bancos do pátio e fiquei passando por baixo deles. Então apareceu o advogado, que, ao ver isso, se pôs a gritar, com as duas mãos na cabeça. A sra. María, Betzabé, a velha empregada, todas correram para o pátio.

— A ruína, a sra. María! A ruína! Veja o que essa moleca fez com os rolos da pianola.

Todos começaram a enrolar a papelada. A sra. María se preparou para tirar a bota, e, ciente de que ia apanhar, tratei de sair correndo porta afora. Ganhei a rua e cheguei a uma grande praça, onde havia uma feira. Olhei para todo lado e, como não vi a sra. María, decidi passear pela feira, e uma velha me deu uma manga. Nessa praça ficava a igreja, e o padre estava no átrio, cercado de crianças, perguntando o nome de cada uma delas. Quando me aproximei, ele perguntou:

— E você? Coitadinha, é totalmente vesga... Como se chama?

— Nenê.

— Nenê? Isso não é nome.

— É, sim. Eu me chamo Nenê.

— Quem é sua mãe?

— A loja de chocolate.

Todos se puseram a rir, mas eu me pus a chorar. O padre perguntou aos outros se me conheciam e, como responderam que não, novamente me perguntou quem era minha mãe.

— A loja de chocolate.

O padre me pegou pela mão e me levou até a loja de chocolate. Depois que a sra. María lhe contou a história dos rolos da pianola, ele entrou conosco no teatro, subiu no palco, abriu o móvel, encaixou um dos rolos lá dentro e começou a tocar a música. Eu fiquei paralisada, olhando para a pianola de cima a baixo, procurando os músicos e, como não os via, perguntei se estavam trancados lá dentro. Todo mundo riu, e o padre, com muita paciência, explicou que a música saía dos furinhos de papel. Esse bom padre me ensinou a melhor brincadeira da minha infância. Aprendi a manejar a pianola com perfeição, e o fazia com tanto cuidado que o advogado não me proibia de tocá-la. O padre se tornou um grande amigo da sra. María; frequentemente ia conversar com ela na loja e brincava de teatro comigo. Um domingo, todos nós fizemos um belo passeio até o rio: o padre, a sra. María, Betzabé, Helena e eu. Almoçamos na beira do rio e colhemos muitas flores.

De manhã, Betzabé abria a loja e esperava a sra. María descer para substituí-la. Um dia, quando ela desceu, a loja estava fechada e Betzabé não estava em lugar nenhum. Perguntamos a todos os vizinhos e ninguém a tinha visto. Fomos até o quarto dela e constatamos que toda a sua roupa também havia sumido. Nós todas desatamos a chorar. A sra. María não abriu a loja e fomos as três à igreja contar ao padre que Betzabé havia desaparecido. A sra. María chorava desesperadamente; o padre prometeu averiguar se alguém a tinha visto. Lembro que durante muitos dias eu a procurei entre os trajes do teatro, debaixo dos bancos, dentro da pianola... Eu subia no palco e gritava:

— Betzabé, não vá embora! Betzabé, estamos muito tristes! Volte! Volte, Betzabé!

Meus gritos foram inúteis. Betzabé nunca mais voltou. Mais tarde, soubemos que a tinham visto com uns tropeiros que estavam indo para Bogotá.

Paris, outubro de 1969.

Carta 10

Meu querido Germán:

Depois que Betzabé foi embora, nossa vida mudou por completo. Nossas brincadeiras no teatro, meus concertos de pianola, a escola de Helena: tudo foi deixado para trás. A sra. María decidiu que nós duas tínhamos de substituir Betzabé, porque ela ficava ocupada na loja.

Aprendi a varrer — e lhe garanto que a vassoura era maior que eu, já que havia acabado de completar cinco anos, e Helena estava com seis e meio —, descascar batatas, carregar água, tirar o lixo, tirar a cinza do fogão, lavar a louça, ajudar a desempacotar as caixas de chocolate, lavar o chão. Helena arrumava as camas e ajudava na loja quando era dia de feira. A sra. María lavava a roupa à noite e cozinhava para o dia seguinte; assim, só tínhamos de acender o fogo e esquentar a comida. Lembro que Helena subia num caixote para fazer isso, porque o fogão era mais alto que ela.

Uma noite, me mandaram ir sozinha buscar o balde de água no quintal. Eu chorava de medo e andava na ponta dos pés, colada na parede, quase sem respirar, atenta ao mínimo ruído. Atravessei o teatro e, quando passava pelos primeiros barracões de madeira, duas mãos gigantescas me agarraram pela cintura e me ergueram no ar. Como quando abandonamos o Menino, fiquei muda, sem conseguir emitir qualquer som, sentindo-me sufocada, como se tivesse uma pedra na garganta. A princípio, não vi nada; percebi que as mãos começaram a me baixar, e foi nesse momento que me deparei com o louco: os olhos saltados, uma vasta barba negra, a boca aberta sem nenhum único dente. Ele continuou me baixando lentamente e vi que estava nu. Ele me deitou no chão, com muita delicadeza, ajoelhou-se ao meu lado e se pôs a beijar meu rosto. Os pelos da barba entravam pela minha boca, pelo meu nariz, pelos meus olhos, pelas minhas orelhas. Eu lhe dava socos e chutes, mas suas mãos enormes eram mais fortes que minhas pernas e meus braços. Nesse momento, surgiu uma luz na porta do quintal: eram as duas irmãs que, munidas de um candeeiro, estavam procurando-o. Ao vê-las, o louco saltou como uma mola, e eu continuava estendida no chão. Elas se aproximavam devagarzinho, chamando-o com uma voz bem suave. Ele continuava parado diante de mim, encarando-me fixamente. Quando as duas chegaram perto, ele pegou o pipi com as duas mãos e fez xixi em cima de mim, regando-me da cabeça aos pés como se eu fosse uma planta. Quando acabou, aproximou-se das irmãs com um grande sorriso de alegria, sem dizer nenhuma palavra.

Uma das velhinhas me levantou e me levou para a sra. María e falou que ela não devia nos deixar andar sozinhas por aquela casa tão grande, muito menos à noite, e que, se não tivessem aparecido, sabe-se lá o que teria acontecido comigo. Helena tratou de me despir e as duas me deram um banho dos pés à cabeça, sempre com a ajuda da velhinha, que continuava discutindo com a sra. María.

A sra. María se entediava muito em Fusagasugá. Assim como nos outros lugares, não tinha amigas nem frequentava a casa de ninguém; tampouco tinha a corte de homens que iam conversar com ela na loja, como em Guateque. O único que nos visitava de vez em quando era o padre dominicano com quem tínhamos passeado. Sem Betzabé, a vida ficou muito difícil para todas. Um dia, Helena estava acendendo o carvão do ferro de passar roupa... ou melhor, o carvão já estava aceso, e ela deixou o ferro destampado no chão para subir no caixote e pegar o fole. Não sei o que aconteceu, mas o fato é que ela caiu sentada em cima do ferro em brasa. Coitada! Que pena me deu! Na metade das nádegas tinha a fotografia completa do ferro de passar roupa em carne viva. Lembro que corria pelo teatro todo, gritando sem parar. Passou tão mal e vomitou tanto que a sra. María não a deixou fazer mais nada, nem em casa, nem na loja. Foi nessa época que descobri que a sra. María tinha grande preferência por Helena. Vivia repetindo as mesmas palavras: "A mais linda!", "A que eu mais amo!", "Antes tivesse sido com a Emma!", "Coitada da minha bebezinha!". Nunca a vi tão carinhosa; parecia sinceramente angustiada de ver Helena com aquela ferida horrível, dia e noite deitada de barriga para baixo, porque não podia nem deitar de costas, nem sentar. Naturalmente, eu não podia fazer o trabalho das duas. Uma noite, quando Helena estava com muita febre, a sra. María se pôs a chorar e falou que não aguentava mais, que era impossível continuar, que ia escrever para Bogotá e deixar a loja, que era infeliz sem um homem ao lado para ajudá-la a suportar a vida. Mais uma vez nos disse que nós duas éramos a causa de todas as suas desgraças, porque, se estivesse sozinha, levaria uma vida de rainha.

Poucos dias depois, chegou um homem de Bogotá, enviado pela empresa para examinar os papéis e providenciar a substituição da sra. María na loja. Ele se tornou amigo dela. Era jovem, bem alto, moreno, com lindos olhos verdes. Tratava-nos com muito carinho e sempre nos levava balas. Foi ele que nos deu as primeiras e únicas bonecas que tivemos na vida. Eram de pano, com cabelo preto e encaracolado; a de Helena estava vestida de vermelho e a minha, de rosa; nós as adorávamos. O sr. Suescún — assim se chamava — ajudou a sra. María a tirar os baús, e teve início o corre-corre da mudança. Já sabíamos por experiência própria que a sra. María ficava de péssimo humor sempre que tinha de arrumar a bagagem. O sr. Suescún nos ajudou muito, providenciou os índios e os cavalos para a viagem de retorno a Bogotá e prometeu nos acompanhar. A sra. María não cabia em si de felicidade.

Deve lhe parecer estranho que eu consiga relatar com detalhes e com tamanha precisão acontecimentos de uma época tão distante. Assim como você, também acho que uma criança de cinco anos que leva uma vida normal não conseguiria reproduzir a própria infância com a mesma fidelidade. Tanto Helena quanto eu nos lembramos da nossa infância como se fosse hoje, e não sei explicar a razão. Nada nos escapava: nem gestos, nem palavras, nem ruídos, nem cores; tudo estava claro para nós.

No dia da partida, acordaram-nos ao amanhecer e, por um motivo que nunca descobrimos qual era, resolveram que não viajaríamos em lombo de cavalo, mas em lombo de homem. Compraram duas cadeiras de vime, cobriram-nas com uma espécie de toldo, amarraram cada uma delas nas costas de um índio e ali nos puseram sentadas.

A sra. María e o sr. Suescún saíram na frente, seguidos pelos dois índios que conduziam as mulas com os baús e pelos outros dois que nos carregavam e aos quais haviam confiado um cesto com comida para nós. Esses índios estavam bêbados — cada um levava uma cabaça grande cheia de chicha. O que carregava Helena tinha a cara coberta de marcas de varíola, estava com diarreia e a todo instante tirava a calça e se agachava para evacuar com uns ruídos espantosos. O que me levava parava ao lado dele e, morrendo de rir, dizia:

— Bebe mais chicha, compadre! Só chicha é bom pra caganeira!

A sra. María e o sr. Suescún seguiam caminho, e, chegando à mata, não os vimos mais. Os índios estavam tranquilos, contando histórias que não entendíamos. O da diarreia ia de mal a pior: de repente, sentou numa pedra e declarou que não ia prosseguir. O outro, o meu, falou que se não nos apressássemos, perderíamos o trem, que a sra. María tinha dito que nos esperava na estação. Deram um pão e uma banana para cada uma de nós, continuaram tomando chicha e pararam num boteco para encher as cabaças, que já estavam vazias. E ali ficaram, conversando com outros índios. Quando saíram, muito tempo depois, estavam tão bêbados que já não andavam, ziguezagueavam. Então, puseram-se a brigar. Um deles puxou uma faca e o da diarreia disse:

— Não posso te matar porque preciso cagar.

E, baixando a calça, acocorou-se. O outro guardou a faca e começou a cantar. Já estava escurecendo. Helena desatou a chorar e a gritar pela sra. María; eu também me pus a gritar, até que nos cansamos e adormecemos. Acordamos quando os índios estavam nos deixando na estação. O curioso é que nenhuma das duas se lembra do nome do vilarejo onde se tomava o trem. Lembramos da estação, do hotel, da igreja, mas de nenhuma rua. Quando chegamos, fazia muito tempo que o trem havia partido, e a sra. María e o sr. Suescún foram embora sem nos esperar. Os índios perguntaram ao homem da estação e a outras pessoas se não tinham visto uma moça de vestido e chapéu cinza com um boa-pinta de Bogotá. Todos os viram tomar o trem. Pouco a pouco, as pessoas começaram a nos rodear. Helena e eu olhamos uma para a outra e pensamos a mesma coisa. As lágrimas nos saltaram dos olhos ao mesmo tempo, e da boca de ambas saiu uma única frase:

— Ela abandonou a gente! Ela abandonou a gente!

Juntamos as mãos e as cabeças e nosso choro emudeceu. A multidão à nossa volta continuava crescendo, e todo mundo nos perguntava:

— Como você chama?

— Qual é o nome da mamãe?

— Qual é o nome do papai?

— De onde vocês são?

— Para onde vocês iam?

Nada nos interessava, nada respondíamos; víamos sem ver, escutávamos sem escutar; só nós duas sabíamos o que era nossa vida nesse instante. Alguém foi chamar o padre. Gordo, barrigudo, com o nariz vermelho e redondo como uma bola, ele se agachou ao nosso lado e, dando tapinhas em nosso rosto, perguntou:

— Como você chama? Qual é o nome da mamãe? Qual é o nome do papai? De onde vocês são? Para onde vocês iam?

Continuávamos mudas. Os índios que tinham nos levado sumiram, e ninguém mais os viu. A multidão foi se dispersando aos poucos, até nos deixar sozinhas com o padre e um soldado ou policial, que nos pegaram pela mão e nos conduziram ao hotel. A proprietária era uma senhora muito séria, toda vestida de marrom, com o cabelo branco preso na nuca. O soldado aguardou conosco no pátio, enquanto o padre entrou para conversar com a dona. Helena escutou-o dizer:

— Fique com elas. Com certeza a mãe vai voltar no trem de amanhã para buscá-las. Eu venho amanhã depois da missa.

O restaurante do hotel tinha portas de vidro que davam para a rua. Quando nos acomodaram a uma mesa, vimos uma multidão apinhada junto às portas. Algumas pessoas até espremiam a cara contra o vidro para nos ver mais de perto, e todo mundo discutia e apontava para nós.

Depois de mandar nos servir a refeição, a proprietária sentou com a gente e cortou a carne e as batatas em pedaços bem pequenos, mas não quisemos comer nada. Alguns hóspedes que estavam no restaurante se aproximaram, pediram que comêssemos e nos perguntaram:

— Como você chama?

— Qual é o nome da mamãe?

— Qual é o nome do papai?

— De onde vocês são?

— Para onde vocês iam?

A dona do hotel nos instalou num quarto, cada uma de nós numa cama, e saiu, trancando a porta. Então, Helena desceu da cama dela e foi para a minha, e nos abraçamos forte e adormecemos.

O padre e o soldado voltaram na manhã seguinte, quando a proprietária estava nos penteando. Nós continuávamos mudas. Levaram-nos para a estação, escutamos o apito do trem e o vimos entrar na estação. Quando os passageiros começaram a descer, o soldado pegou Helena no colo, o padre me pegou no colo, e os dois nos levantaram bem alto para vermos todo mundo. Os passageiros terminaram de descer e foram se dispersando. Desconsolados, o padre e o soldado nos puseram no chão e nos reconduziram ao hotel, onde ficamos o dia inteiro na cama. Acho que dormimos, porque nenhuma das duas falou nada. À tarde, chegava mais um trem, e o padre e o soldado repetiram a mesma cena na estação. Nós já sabíamos que ela não voltaria para nos buscar. Assim transcorreram três dias, e nos três, de manhã e à tarde, repetiu-se na estação a mesma cena. O padre estava preocupado e conversava com o soldado e com a dona do hotel. No quarto dia, não fomos à estação. O padre apareceu

73

com duas freiras vestidas de preto e branco — uma era velha e usava óculos, a outra era muito jovem e alegre e nos pegou no colo, nos beijou e nos acarinhou a cabeça.

— Como você chama?

— Qual é o nome da mamãe?

— Qual é o nome do papai?

— De onde vocês são?

— Para onde vocês iam?

As duas nos levaram para um convento no campo. Entramos por um grande jardim, onde havia muitas flores e a estátua de um padre. Imediatamente, uma porção de freiras vindas de todo lado correu a nos rodear.

— Como você chama?

— Qual é o nome da mamãe?

— Qual é o nome do papai?

— De onde vocês são?

— Para onde vocês iam?

Essas perguntas se repetiam em todos os tons de voz: alto, menos alto, agudo, estridente, autoritário, carinhoso... De repente, fez-se silêncio absoluto; tudo o que víamos era o muro negro das saias das freiras apinhadas em torno de nós. De repente, escutei a voz de Helena, que me pareceu altíssima e disse:

— Eu me chamo Helena Reyes, e a minha irmãzinha se chama Emma Reyes.

Então, ela me agarrou pela mão e, empurrando as saias das freiras com a cabeça, foi comigo até o fundo do jardim, onde havia uma gaiola com muitos passarinhos. As freiras apenas nos seguiram com os olhos, como se estivessem petrificadas. Quando nos distanciamos delas e nos aproximamos da gaiola, Helena me avisou:

— Se você falar da sra. María, eu te bato.

E esse silêncio durou vinte anos. Em público ou em particular, nunca mais pronunciamos o nome da sra. María, nem falamos do tempo em que vivemos com ela, nem de Guateque, nem de Eduardo, nem do Menino, nem de Betzabé. Nossa vida começava no convento, e nenhuma de nós jamais traiu esse segredo.

Mil lembranças e beijos. Escrevam.

Emma
Paris, novembro de 1969.

Carta 11

Meu querido Germán:

Nesse convento não havia meninas; era um convento onde se faziam freiras. Havia umas mocinhas, mas eram todas noviças, e não tínhamos permissão para ficar com elas. Só podíamos ficar no jardim, onde ficavam a portaria e as salas de visita. Junto à porta de entrada havia dois cômodos: num, dormia a porteira, que era muito velha, andava com os pés virados para fora e falava sozinha o dia inteiro; no outro, cheio de móveis e embrulhos, arrumaram uma cama para nós duas, porque Helena não queria que eu dormisse sozinha. No quarto da porteira havia uma grande mesa, e ali nos serviam as refeições, que comíamos com ela. De manhã, brincávamos sozinhas e ajudávamos a velhinha a regar as plantas. O jardim era imenso, com muitas flores, grandes árvores e a gaiola dos passarinhos, com os quais conversávamos durante horas. À tarde, recebíamos a visita da freira jovem que tinha ido nos buscar no hotel e que chamávamos de nossa amiga. Às vezes, grupos de noviças paravam na porta do pátio, olhavam e sorriam para nós, mas não podiam falar conosco. A primeira coisa que a freira jovem nos ensinou foi brincar de fazer cruzinhas, que ela chamava de persignação. Ensinou que cada dedo tem um nome, mas só os das mãos; os dos pés não têm nome, como o Menino. Para brincar de persignação era preciso fechar a mão e deixar esticado só o dedo chamado Polegar. Com o Polegar faziam-se três cruzes, como se cruzássemos dois palitos um sobre o outro: a primeira na testa, a segunda na boca, com a boca fechada, e a terceira no meio do peito. Depois, tinha-se de abrir a mão rapidamente, esticá-la bem, e com a ponta dos dedos fazer uma cruz grande, tocando primeiro o meio da testa, depois o meio do peito, depois o ombro esquerdo e então o ombro direito, terminando com um beijinho na unha do Polegar, sempre com a boca fechada. Essa brincadeira me divertia muito, porque eu sempre me atrapalhava, trocava todas as cruzes, começava no peito e terminava na testa, ou começava na boca e, em vez de beijar o Polegar, beijava o mindinho, porque tinha pena de um dedo tão pequenininho. A freira ficava furiosa e me mandava começar tudo de novo mil vezes.

Um dia, ela nos contou a história de um menino chamado Jesus. A mãe dele também se chamava Maria e eles eram muito pobres e viajaram em lombo de burro, como nós, quando fomos para Guateque. Mas esse Menino Jesus tinha três pais: o primeiro morava com a mãe dele, um carpinteiro chamado José; o segundo vivia no céu, entre as nuvens, velho e barbudo e muito rico. A freira falou que esse pai era dono do mundo inteiro, de todos os passarinhos, de todas as árvores, de todos os rios, de todas as flores, das montanhas, das estrelas, de tudo. O terceiro pai se chamava Espírito Santo e não era um homem, e sim uma pomba que voava sem parar. Mas, como a mãe vivia com o pai pobre, eles não tinham onde morar, e o Menino Jesus teve de nascer na casa de um burro e de uma vaca. O pai velho e rico que vivia no céu, porém, mandou uma estrela guiar uns amigos dele que também eram muito ricos e se chamavam Reyes [Reis] — como nós — até a casa da vaca e do burro, onde foram visitar o Menino Jesus e lhe deram tantos presentes, ouro e joias, que ele deixou de ser pobre e ficou rico. Eu pedi para a freira nos levar ao lugar onde estava esse menino; ela disse que o Menino não estava mais na terra, que tinha ido morar com o pai rico lá nas nuvens, mas que, se fôssemos boazinhas e obedientes, nós o veríamos no céu. Nós duas passávamos horas olhando para o céu, na esperança de vê-lo. Um dia, Helena falou que, se conseguíssemos subir numa árvore bem alta, com certeza o veríamos, que não o víamos porque éramos muito pequenas. Depois do almoço, quando a velha porteira foi dormir, subimos na árvore. Quando as freiras apareceram, estávamos agarradas nos galhos do topo, em tal altitude que não escutávamos o que diziam e não conseguíamos descer. As freiras correram para todo lado e fizeram sinal para esperarmos; voltaram com escadas, que amarraram umas nas outras, e com um homem vestido de militar que subiu e nos tirou de lá. A velha que chamavam de madre superiora nos bateu na cabeça e nas pernas, mas, quando lhe explicamos que tínhamos subido na árvore para tentar ver o Menino Jesus no céu, todas as freiras se puseram a rir, nos abraçaram e nos cobriram de beijos no rosto, na cabeça e nas mãos. A velha porteira chorava e repetia:

— São dois anjinhos, dois anjinhos...

Ficamos pouquíssimo tempo nesse convento. Uma manhã, estávamos levantando quando uma freira nova entrou e tirou nossas medidas com uns pedaços de tecido cinza muito grosso, com o qual fizeram dois vestidos muito feios para nós, compridos como os das noviças, com gola alta, mangas compridas e muitas pregas. Eram tão esquisitos que não reconheci Helena, e Helena não me reconheceu. Também nos compraram calçados que, esses sim, eram lindos. E prenderam nosso cabelo numas tranças tão repuxadas que quase não conseguíamos piscar. A madre superiora pendurou em nosso pescoço um cordão marrom com uns paninhos brancos chamados escapulários e falou para não os tirarmos nunca, pois assim os outros saberiam que éramos filhas da Virgem Maria e de Deus. Quando as freiras saíram, perguntei a Helena quem tinha contado para a superiora que éramos filhas da sra. María e do sr. Deus. Helena me deu um tabefe na boca e não respondeu.

Dali a pouco, todas as freiras voltaram, uma delas carregando um cesto coberto com um pano branco. Uma por uma, todas nos beijaram e fizeram uma cruz no ar com as mãos abertas. Nossa amiga pegou o cesto, ela e a superiora nos tomaram pela mão, e saímos do convento. Uma vez na rua, desatamos a chorar. Fomos diretamente para a igreja, onde a superiora conversou com o padre, passeando pelo jardim. Quando o trem apitou, pegaram-nos pela mão e nos levaram correndo para a estação. Assim que vimos o trem, começamos a gritar:

— Não! Não! Não! — Mas sem saber a que dizíamos não.

Eu me agarrei às pernas do padre, recusando-me a embarcar, mas acabaram nos obrigando a entrar no trem. Quando vimos que as freiras iam viajar conosco, ficamos um pouco mais tranquilas. Mandaram-nos beijar a mão do senhor padre, e o trem partiu. Ninguém falou nada durante o trajeto; Helena e eu nos apertávamos uma contra a outra; o rosto dela estampava uma angústia terrível, seus olhos estavam arregalados, sua boca abria para respirar, como se lhe faltasse ar. A superiora consultou o relógio e falou para a freira jovem que estava na hora de comer; abriram o cesto, que continha ovos cozidos, batatas e partes de frango; eu e minha irmã só comemos uma banana. Quando chegamos a Bogotá, tomamos uma carroça como a que tínhamos tomado com a sra. María quando deixamos a casinha de San

79

Cristóbal. E novamente começamos a chorar, ambas pensando nela, talvez.

A carroça chegou a uma rua estreita e parou diante de uma porta enorme e fechada, com um buraquinho por onde saía um pedaço de arame. A superiora puxou a ponta do arame e ouvimos o toque de um sino. Também ouvimos barulho de correntes, chaves, travas e trancas. Por fim, a porta abriu.

— Bom dia, irmãzinhas. A superiora está esperando vocês. Entrem! Entrem, por aqui.

Eu não enxergava nada; tudo estava tão escuro que dava medo.

Alta, pálida, quase transparente, com mãos muito compridas, de doçura e bondade extraordinárias, a madre Dolores Castañeda se abaixou e perguntou os nomes do nosso pai e da nossa mãe.

— A gente não sabe.

— Helenita, você que é tão bonita e já é grandinha, diga: como é a sua mãe? Você não lembra o nome dela? E o seu pai?

Nós duas desatamos a chorar.

— Diga-nos, madre: as senhoras não conseguiram descobrir quem eram os homens que as abandonaram?

— Não.

— Nem de onde eram?

— Não, madre. O padre tem ido a todas as feiras falar com os índios, tem pedido aos fiéis, nas missas de domingo, que o informem se souberem de alguma coisa, mas até agora não descobrimos nada. Se as meninas se lembrassem, poderiam ajudar, mas, como a senhora vê, cada vez que a gente pergunta, elas se põem a chorar, como agora, ou ficam mudas. Prometo, madre, que tanto nós quanto o padre vamos continuar averiguando e, se descobrirmos alguma coisa, comunicaremos imediatamente.

A madre Dolores Castañeda parecia muito preocupada.

— Madre, se insisto e lhe suplico para não poupar esforços, não é exatamente por interesse em encontrar ou saber quem são os pais dessas criaturas. O que me preocupa é não saber se foram batizadas ou não. Se são filhas legítimas ou filhas do pecado. As senhoras hão de admitir que, sob o teto desta santa casa, não podemos manter duas meninas que estejam em pecado. Temos a obrigação, perante Deus, de salvar a alma delas. Preciso ver com o bispo o que se pode fazer.

Se consigo reconstituir essa conversa com tanta exatidão é porque ela se repetiu durante anos, com a mesma seriedade. As freiras voltavam a falar sobre o problema quando recebiam a visita do bispo ou da superiora geral que chegava de Roma, quando começava a Semana Santa ou quando se aproximava o Natal. Sempre que aparecia por lá uma figura importante da Igreja, elas nos levavam para a sala e nos faziam as mesmas perguntas, apresentando o mesmo argumento: "Temos de salvar a alma delas". As madres continuaram falando sobre a importância de salvar as nossas almas. No momento em que soou um sino, recebemos ordens de beijar as mãos da superiora e cumprimentá-las. A velha e a jovem fizeram duas cruzes diante de nós, baixaram a cabeça e saíram sem dizer nada. Escutamos novamente o barulho das chaves e das correntes. Ao se abrir a porta, um raio de sol entrou no salão e a sombra das freiras que se afastavam projetou-se no chão. A porta fechou atrás delas e nos separou do mundo por quase quinze anos.

Um abração para todos.

Emma
Paris, janeiro de 1970.

Carta 12

Meu querido Germán:

Três fechaduras, dois cadeados grandes, uma corrente e duas grossas trancas de madeira fechavam a primeira porta que nos separava do resto do mundo. A segunda porta tinha apenas uma fechadura e um cadeado. Entre a segunda e a terceira ficava o saguão, pelo qual se tinha acesso às salas de visita. Quando se assegurou de que todas as portas estavam bem fechadas, a superiora nos pegou pela mão e nos conduziu escada acima até a capela. No centro do grande altar havia uma grande estátua da Virgem com o Menino. A superiora nos mandou ajoelhar diante da estátua e, em voz alta, atrás de nós, pediu à Virgem que nos abençoasse, que nos aceitasse como filhas e que perdoasse nossos pecados. Na saída, mergulhou a mão numa pia de água benta e fez uma cruz na testa de cada uma de nós. Descemos a escada e saímos para o primeiro pátio por uma porta pequena, o pátio da Maria Auxiliadora. No centro, sobre uma coluna branca, estava a Virgem, também branca, com o Menino nos braços; era parecida com a que estava na capela. O pátio tinha ainda muitas plantas e flores e era contornado por corredores de ladrilhos bem largos e colunas grandes. Só uma pessoa morava nesse pátio: a srta. Carmelita. A superiora nos levou até ela, contou toda a nossa história, descreveu nosso abandono e, mais uma vez, falou da sua profunda preocupação por não saber se estávamos em pecado ou não.

— A senhora bem sabe que, aqui, nossa única exigência é que cada menina que acolhemos apresente a certidão de batismo; mas ninguém sabe nada sobre essas meninas, absolutamente nada. Precisamos pedir a Deus que nos ilumine e nos ajude a encontrar uma solução, uma luz, um indício.

Enquanto isso, a srta. Carmelita nos observava de cima a baixo e, através do pano grosso dos nossos vestidos, tocava nossos braços, ombros, nossa cintura.

— Coitadinhas, tão magrinhas... Bem se vê que têm sido mal alimentadas. A maiorzinha é muito bonita, mas a pequenininha... A senhora viu? É vesga. E o que vamos fazer com elas? São muito pequenas, não podem trabalhar...

— Esse é mais um problema, Carmelita. O que vamos dar para elas fazerem se ainda são tão pequenas? Poderíamos começar colocando-as na cozinha, para ajudarem na limpeza e na tarefa de ir buscar água. E na cozinha podem cuidar delas.

Enquanto as duas conversavam, Helena e eu não tirávamos os olhos da srta. Carmelita. Nunca tínhamos visto uma pessoa tão gorda — pense na pessoa mais gorda que você já viu e multiplique por quatro.

A superiora nos deixou e saiu por uma porta no fundo do pátio. A srta. Carmelita nos perguntou se sabíamos cantar; levantou com grande dificuldade, e entre ela e a poltrona se formou uma espécie de vácuo, no qual soaram três estalidos — pluc, pluc, pluc — que nos fizeram cair na gargalhada. Ela também riu.

A srta. Carmelita não era freira; inventou um hábito preto com coifa e véu igualmente pretos e parecia uma freira, mas de outra congregação. Passava o dia sentada numa enorme poltrona de couro e era tão gorda que não conseguia entrar na capela; tinha de assistir à missa do lado de fora, onde o padre lhe levava a hóstia, na hora da comunhão.

Todas as meninas conheciam sua história, e ela era uma parte importantíssima da nossa vida, aos poucos vou lhe explicar como e por quê. Agora vou lhe contar a história dessa criatura: a srta. Carmelita (ninguém sabia seu sobrenome) pertencia a uma das famílias mais ricas e ilustres de Medellín. Aos quinze anos, começou a namorar um rapaz muito bonito e muito rico que a pediu em casamento e lhe deu três anos de prazo, mas impôs uma condição: só se casaria se ela engordasse — parece que era tão magra que a chamavam de palito.

Os pais a levaram aos melhores médicos de Medellín, e Carmelita não engordava. Levaram-na a Bogotá, procuraram outros médicos, outros tratamentos, e Carmelita não engordava. Quando souberam que no Panamá havia um famosíssimo médico alemão, lá foram eles. O médico examinou Carmelita e prometeu que em três meses a faria engordar; mas, como o que tinha era mau-olhado, Carmelita não engordou. Do Panamá a Cali, de Cali a Quito, faltavam apenas seis meses para vencer o prazo de três anos, e Carmelita continuava sendo um palito. Desesperados, os três voltaram para Medellín e fizeram uma promessa à Virgem de Chiquinquirá para que operasse o milagre de Carmelita engordar. Haviam alcançado o auge do desespero. A pobrezinha estava cada vez mais apaixonada pelo noivo, e o noivo estava cada vez mais firme na decisão que tomara: ou a menina engordava, ou não se casaria com ela. Exatamente no Domingo de Ramos, ao sair da missa, encontraram Paquita, uma velha amiga. Paquita lhes contou que havia chegado a Pácora um mago que curava tudo, tudo, tudo... A esperança iluminou os olhos da família, que, na manhã seguinte, partiu para Pácora.

O mago fitou Carmelita nos olhos demorada e profundamente, pediu-lhe para pôr a língua para fora, deu-lhe três pancadinhas nas costas e, após um longo momento de silêncio, declarou que ela padecia de duas enfermidades: lombrigas e mau-olhado. Para o mau-olhado lhe deu várias ervas e orações; para as lombrigas, duas grandes garrafas de um líquido marrom-violáceo.

— A senhora vai ver que a sua filha estará gorda em apenas trinta dias, pois, na lua cheia, os maus espíritos a abandonarão. Quanto às lombrigas, começará a expeli-las dentro de uma semana; examinem as fezes da menina e se convencerão do que estou dizendo.

Não se sabe se os espíritos malignos saíram do corpo de Carmelita, mas as lombrigas, sim, saíram às dezenas. Carmelita se pôs a engordar com tamanha rapidez que, quando foi visitá-la, o noivo não a reconheceu. Como a coitada não parava de engordar, ele declarou que não a queria mais, porque a haviam trocado por outra. Procurado pela família para explicar por que a menina não parava de engordar, o mago teve de confessar que havia se enganado: que lhe dera as garrafas para engordar vacas magras. E foi assim que Carmelita abandonou o mundo e se fechou no convento. Como continuava apaixonada pelo noivo, não podia tomar o hábito, mas doou toda a sua fortuna às freiras para que a deixassem morar ali.

Quando a conhecemos, já era muito velha, e, sempre que emagrecia, todas as meninas e freiras rezavam de manhã à noite para que voltasse a engordar. Contavam que, alguns anos antes, ela havia contraído uma doença muito grave chamada cinturão, que se manifestava por meio de uma mancha negra ao redor da cintura e provocava a morte do enfermo quando as duas pontas dessa mancha se encontravam. Por isso, a pobre mulher comia o

86

dia inteiro; uma menina passava o dia na cozinha, fazendo sopas, chocolates, bolos e compotas só para ela, e, mais ou menos de hora em hora, era preciso levar-lhe alguma coisa para comer, a fim de evitar que as pontas da mancha se encontrassem. A srta. Carmelita morava nos dois únicos cômodos que davam para o pátio da Virgem. No cômodo menor, além da cama gigante feita especialmente para ela e protegida por um mosquiteiro branco, como a das freiras, havia uma bacia enorme, um jarro e um balde. No outro cômodo, ficavam dois grandes baús de couro com tachas douradas. As meninas diziam que esses baús estavam abarrotados de moedas de ouro e de joias preciosas. Num canto, havia um grande piano — ela adorava música, compunha tudo que cantávamos na capela, e todo ano criava uma composição com vozes para o dia do santo da superiora. Apesar de suas mãos parecerem duas bolas, achávamos que tocava divinamente. A srta. Carmelita tinha mau gênio e nos tratava muito mal. Embora nunca saísse dos seus aposentos, era a primeira a saber de tudo que acontecia no convento; sabia o nome e a história de cada uma de nós. A superiora a consultava sobre todos os problemas, graves ou não. Só tínhamos o direito de visitá-la, uma de cada vez, aos sábados e domingos à tarde. Ao lado da sua poltrona de couro ficava uma mesa com rodinhas, na qual ela comia, escrevia e compunha. Era sentada a essa mesa que dirigia, de forma quase mágica, o destino de cada uma de nós. Era tão fanática por suas simpatias quanto pelas antipatias; mas, em geral, nos via como pobres formiguinhas miseráveis. Em todos os gestos expressava o profundo desprezo que lhe inspirávamos. Também dividia as freiras em duas categorias: as de boa família e as outras. A única que considerava realmente à sua altura era a madre superiora, com a qual mantinha uma verdadeira e profunda amizade. Como ela, a superiora tocava piano e harmônio, e esse já era um ponto de forte união. Agora você vai entender por que a superiora, depois de nos apresentar à Virgem, nos apresentou à srta. Carmelita, e por que precisava da aprovação dessa senhora para desencarregar a consciência por ter infringido duas regras do convento — primeiro, desrespeitando a proibição absoluta de acolher meninas sem certidão de batismo e, segundo, acolhendo meninas com menos de dez anos de idade. O convento não era um orfanato, mas um lugar onde recebiam meninas pobres, com ou sem família, para ensiná-las a trabalhar. A mensalidade era de dez pesos. Nesse aspecto, porém, as freiras eram mais flexíveis. Muitas de nós não podíamos pagar os dez pesos, mas tudo que produzíamos com nosso trabalho ia para as freiras, e você pode acreditar que produzíamos alguns milhares de pesos.

Fico muito aborrecida ao falar da organização, mas tenho de lhe dar uma ideia real e exata da vida que levávamos. Quem foi nos buscar nos aposentos da srta. Carmelita foi a sóror María Ramírez, que em poucos instantes tomou conhecimento dos nossos nomes e do que se sabia sobre nós. Ela nos conduziu ao dormitório do Menino Jesus, o das meninas menores, cuja porta, como todas as outras do convento, estava trancada. Nossas camas ficavam ao lado da cama da sóror María. Ela nos mandou tirar os vestidos cinza que as outras freiras nos deram e experimentar umas batas velhas que estavam num armário enorme e tinham pertencido a outras meninas. Essas batas pregueadas de xadrezinhos brancos e azuis, mangas compridas e gola alta eram o uniforme obrigatório. Também nos mandou tirar os calçados, explicando que todas, com exceção das mais velhas, tinham de andar descalças, o que não nos importava, pois já estávamos acostumadas. Disse que devíamos pedir a ela o que precisássemos e contar-lhe tudo que acontecesse conosco, pois estávamos sob seus cuidados. Helena falou que não me deixava dormir sozinha, que uma cama só bastava para nós duas, que tinha medo de me perder enquanto dormia. A sóror María a tranquilizou, garantindo-lhe que ia ajudá-la a cuidar de mim.

Saímos do dormitório, que a freira trancou à chave, e fomos para o segundo pátio. Lá era três vezes maior que o da Virgem, mas não tinha nem flor, nem árvore; era de ladrilho e, como o primeiro, rodeado de corredores e colunas, de muitas portas e janelas. As portas estavam fechadas e as vidraças não permitiam ver nada, pois estavam pintadas de branco. O silêncio era absoluto, e não avistamos ninguém. Perguntei onde estavam as outras meninas, e a sóror respondeu que estavam nas salas de trabalho. Helena quis saber se eram muitas.

— Muitas, muitas. — Foi a resposta.

— Muitas? Quantas, mais ou menos? — perguntei.

— Muitas... Umas cento e cinquenta.

— E quantas são cento e cinquenta?

Nesse momento, um sino soou atrás de nós com tamanha intensidade que nos fez dar um pulo. Imediatamente, as portas do primeiro andar se abriram, e de todas elas começaram a sair meninas que se puseram a descer uma das escadas numa verdadeira balbúrdia — parecia mais um estouro da boiada. Essa escada, como todas as outras, tinha portões que viviam trancados, mas eram de grade e não iam até o teto, de modo que permitiam ver quem estava do outro lado. A sóror María pegou o imenso chaveiro que trazia na cintura e correu para abrir a porta da escada; mal conseguiu tirar a chave, pois as meninas saíram em massa e só não a atropelaram porque ela se encostou na parede rapidamente. Helena e eu ficamos perdidas num mundo de saias, pernas, pés descalços e mãos que não sabíamos a que braços pertenciam. Os xadrezinhos azuis e brancos desfilavam diante dos nossos olhos numa velocidade vertiginosa, e eu gritava por Helena. Uma menina gorda, talvez a única que me viu, me levantou e me encostou numa coluna, possivelmente para que não me esmagassem. Quando a avalanche passou, Helena e eu estávamos em extremidades opostas do pátio. Instintivamente, corremos uma para a outra e nos abraçamos, chorando.

— Emma, minha nenenzinha — Helena disse. — Nunca mais vou largar a sua mão. Se a gente se perde no meio de tanta menina, o que é que a gente vai fazer?

— Se vocês se perderem, vou encontrá-las — a sóror María falou, depois de fechar novamente a porta da escada.

Todas as meninas saíram por uma porta que havia no fundo, e escutávamos sua gritaria. A sóror María nos mandou ir até lá, e nós tremíamos de medo.

— Não tenham medo. Não vou deixar vocês sozinhas.

Na porta do terceiro pátio, postava-se uma freira de cada lado: a sóror Teresa Carvajal, a manca que se ocupava da cozinha, e a sóror Inés Zorrilla, que dirigia a lavanderia. Duas meninas mais velhas estavam com elas, cada uma segurando um cesto enorme: um com pedaços de rapadura quase do mesmo tamanho e o outro com pãezinhos pretos. Davam um pedaço de rapadura e um pãozinho para cada menina que passava. A sóror María disse a elas nossos nomes. As meninas já pareciam mais calmas; estavam divididas em grupos, cada qual comendo sua rapadura e seu pãozinho. Nós duas segurávamos o pão e a rapadura com uma das mãos e, com a outra, nos agarrávamos firmemente. Comíamos sem desviar os olhos do pátio, atentas ao que as meninas faziam — algumas conversavam, outras passeavam, as pequenininhas corriam. Esse terceiro pátio era tão grande quanto o segundo, mas tinha o piso de pedra e uma parte coberta para nos refugiarmos quando chovia na hora do recreio. O sino tocou de novo. Helena reagiu de imediato: puxou-me pelo braço e me levou para trás da porta, onde nos escondemos com medo de sermos atropeladas mais uma vez. A sóror María nos tirou de lá e nos mandou entrar na fila. As filas, de duas em duas, eram por ordem de altura. Nem precisaram nos medir: éramos as menorzinhas e encabeçamos a primeira fila.

Nos primeiros dias, sofremos muito, pois achávamos tudo estranho e não entendíamos nada do que as freiras falavam. Tínhamos medo das meninas e não conversávamos com nenhuma. Elas tampouco se aproximavam de nós; se precisavam nos comunicar ou mostrar alguma coisa ou quando se referiam a nós, não nos chamavam pelo nome, mas diziam "as Novas". Durante o recreio, divertiam-se com muitas brincadeiras diferentes; nós não sabíamos brincar de nada. Na capela, rezavam e cantavam, e nós não sabíamos o que era aquilo nem para que servia. As freiras falavam do pecado, do diabo, do céu, do inferno, de salvar nossas almas, de ganhar indulgências, de nos arrepender dos nossos pecados, de agradecer à Virgem a graça de nos receber na sua casa... e nada disso tinha o menor significado para nós. Foi nessa época que aprendemos o que era a profunda solidão e a ausência de qualquer afeto. Fazíamos esforços terríveis para entender o que, na linguagem moderna, chamam de incomunicação absoluta.

As freiras pareciam seriamente preocupadas. Temíamos que nos abandonassem por estarmos em pecado. O que seria o pecado? E o diabo que leva as meninas que estão em pecado, quem era esse diabo?

Um abração e beijos para toda a família.

Emma

Carta 13

Meu querido Germán:

Tínhamos saído de um mundo tão distante do convento que nossa adaptação foi muito lenta e difícil. Obedecíamos, escutávamos, mas compreendíamos bem pouco de tudo que ocorria ao redor. Essa falta de adaptação e entendimento nos impedia de nos comunicar com as colegas, que nos inspiravam mais medo que amor. Tínhamos que aprender tudo, e elas se aproveitavam da nossa ignorância para serem cruéis conosco. Nenhuma nos chamava ou se referia a nós pelo nome, mas como "as Novas". "As Novas lavam os pratos", "As Novas quebraram", "As Novas roubaram"... Sem falar nas colegas que, ao passarem por nós, pisavam em nossos pés, nos beliscavam, puxavam nosso cabelo ou simplesmente mostravam a língua. Fazia muitos dias que tínhamos chegado, quando, bem na hora do recreio, a sóror Teresa mandou Helena varrer a padaria e ajudar a recolher a farinha de um saco que rasgara. Fiquei sozinha, encostada no muro, esperando-a. Um grupo brincava de ciranda. Não sei como, de repente me vi no meio da roda, que começou a se fechar cada vez mais em torno de mim, ao mesmo tempo que todas as meninas, de mãos dadas, gritavam:

— Menina porcalhona! Cagada! Cagada! Porcalhona!

O círculo se fechou, as meninas me jogaram no chão e tiraram a única calcinha que eu tinha. Claro que estava suja; era a mesma que a sra. María tinha posto em mim quando partimos de Fusagasugá. Uma gordona, vesga como eu, enfiou a calcinha numa vassoura e, erguendo-a bem alto, pôs-se a marchar na frente de uma fila longa que percorreu todos os pátios, gritando em coro:

— A calcinha cagada da Nova pequenininha! A calcinha cagada da Nova pequenini...

Helena ouviu e saiu correndo como uma louca, me chamando. Eu estava escondida num dos banheiros, tremendo de medo. Por sorte, o sino tocou e o recreio acabou. A sóror Teresa perguntou que trapo era aquele na vassoura, e as meninas, em coro, responderam:

— A calcinha cagada da Nova.

A sóror Teresa ficou furiosa, porque era indecoroso deixar uma menina sem calcinha. No mesmo dia, ordenou à sóror María que fizesse duas calcinhas para mim.

O regulamento era muito rígido: cada hora do dia era destinada a uma atividade fixa, determinante, invariável. Às cinco e meia da manhã, o sino tocava para nos acordar; ainda sentadas na cama, deveríamos oferecer a Deus e à Virgem Maria tudo o que fizéssemos ao longo do dia que estava começando, para que eles, na sua infinita misericórdia, perdoassem nossos pecados, nos livrassem de morrer em pecado mortal, nos iluminassem e nos dessem forças para andarmos somente no caminho do bem, para sermos dignas de entrar no Reino dos Céus. Meu Deus! Quantas palavras que não significavam nada para nós. Helena e eu nos entreolhávamos, dávamos de ombros e ríamos.

Tínhamos apenas meia hora para nos arrumar, arrumar a cama e, o mais difícil, fazer xixi, que já era uma proeza à parte. Quando abriam as portas dos dormitórios, saíamos a toda velocidade, como verdadeiros animais, para sermos as primeiras a chegar aos únicos cinco banheiros que havia. Ninguém respeitava ninguém, nos atropelávamos umas às outras para ganhar a dianteira na escada. Naturalmente, as últimas que chegavam não conseguiam nada, pois passavam meia hora na fila; era até engraçado vê-las pulando de um pé para o outro para controlar a vontade enquanto esperavam a vez. Naturalmente, eu, com todo o medo que tinha, não conseguia esperar e acabava fazendo xixi no chão, na frente de todas, que me chamavam de suja, porcalhona... índia selvagem. A palavra "índia" era considerada um insulto.

Às seis, o sino tocava uma vez só para formarmos uma fila e entrarmos na capela, de duas em duas. Ao passar diante do altar, tínhamos de fazer a genuflexão, tocando o chão com o joelho direito, e, ao mesmo tempo, fazer o sinal da cruz. A sóror Teresa estava sempre parada atrás de nós como um soldado, a mais furiosa, cruel e inumana de todas as freiras. Era a diretora da lavanderia e da rouparia, enfermeira e vigilante de filas e, como tal, responsável pela nossa aparência pessoal. Verificava se tínhamos nos penteado, se estávamos com os pés limpos (todas, exceto as mais velhas, andávamos descalças) e se a bata de ir à missa não estava suja, rasgada ou mal passada. Verificava também se a genuflexão era feita corretamente; se via alguma menina não dobrar o joelho até tocar o chão, puxava-a pelas tranças e a obrigava a repetir a genuflexão três ou quatro vezes. Na capela, assim como no refeitório, os lugares eram fixos, e as menorzinhas, como eu, ficavam mais perto do altar. Cada uma das freiras tinha um genuflexório e um banco que ficava estrategicamente nos corredores para poderem controlar todos os nossos movimentos e todos os nossos gestos.

Rezávamos em latim e decorávamos todas as orações sem ter ideia do que significavam, pois nunca nos explicavam nada; o que importava era que as recitássemos com devoção e no tom vigoroso, ou doce e suplicante ou dramático que nos ensinaram. Todos os dias, sem exceção, um padre (geralmente o mesmo) ia celebrar a missa. Quando chegamos ao convento, o capelão era o padre Bacaus — assim pronunciávamos o seu nome, mas ele era alemão. Comprido e magro como um prego, sempre sujo e despenteado, exalava um cheiro forte de tintura de iodo e mertiolate, incenso e cera queimada. Era o único homem e a única pessoa do mundo de fora que tínhamos permissão de ver. Rezava a missa rápido como um furacão, correndo tanto de um lado para o outro no altar que, quando se voltava para o *dominus bobiscum** ou para dar a bênção, nós, as menorzinhas que ficávamos perto do altar, sentíamos o vento produzido pela casula e pela alva esvoaçantes. Além de rezar a missa a toda velocidade, ele também era tão estabanado que não havia um dia que não derrubasse um vaso de flor, um castiçal ou o missal, que caía do atril, ou as galhetas que tombavam sobre o altar. A sola de um de seus sapatos vivia solta e sempre se enganchava no tapete quando ele entrava; segurando o cálice com ambas as mãos, ele se inclinava tanto para a frente que quase tocava o chão, mas no último instante sempre conseguia se endireitar e recuperar o equilíbrio. Nós, naturalmente, morríamos de rir. O padre Bacaus fazia as genuflexões tocando o chão com o joelho e com tamanha veemência que o altar e as auréolas dos santos estremeciam durante alguns segundos. As freiras pediram muitas vezes que o substituíssem, porém lhes respondiam que havia falta de padres.

---

* *Dominus vobiscum* é uma expressão em latim utilizada antigamente em missas católicas, equivalente a "O Senhor esteja convosco". (N. E.)

Aos domingos, explicava o Evangelho numa mistura de alemão e espanhol e falava com a mesma rapidez com que se movia. Depois da missa, dava a bênção com o Santíssimo. Quando usava o incensório, quase o fazia bater no teto, e nós fechávamos os olhos e abaixávamos a cabeça, esperando a pancada.

Durante a bênção, as meninas do coro levantavam e rodeavam o harmônio que a diretora, a sóror Dolores, tocava. Os cantos também eram em latim; esse era meu momento favorito, e eu não conseguia deixar de olhar para trás e ver como elas cantavam. Naturalmente, a sóror Teresa me enchia os braços de beliscões. Sendo a menorzinha, eu tinha de ficar perto dela, para que me ensinasse o que fazer.

Ao escutar o órgão, eu não conseguia conter as lágrimas, que escorriam pelo meu rosto e caíam nas minhas mãos, juntas sobre a parte alta do banco. Esse harmônio sempre me lembrava a pianola do teatro de Fusagasugá, e eu pensava que era mais feliz naquela época, porque era livre e fazia o que queria. Achava o convento muito triste e não tinha o menor interesse em me aproximar das minhas colegas.

Saíamos da capela às sete, trocávamos a bata de missa pela de trabalho e formávamos uma fila para entrar no refeitório. O café da manhã consistia numa xícara de chá de rapadura, geralmente frio, e num pãozinho preto para cada uma. Quem terminava de comer já saía para cumprir as tarefas, ou seja, limpar a casa.

No primeiro dia de cada mês, lia-se a lista das tarefas para o mês inteiro. Quem havia se comportado no mês anterior era premiada com as tarefas mais fáceis: varrer um corredor ou uma das quatro escadas, limpar as varandas e as vidraças, varrer a oficina de bordado ou os dormitórios. As grandes bordadeiras também recebiam tarefas leves para não machucarem as mãos. O prêmio máximo eram a sacristia e a capela, reservado exclusivamente às meninas maiores e de conduta impecável. Os castigos eram trabalhar na cozinha, lavar as enormes panelas de comida, lavar as latas de lixo, lavar os pátios e os corredores — de joelho. Mas o pior de todos, reservado às mais indisciplinadas, era limpar os banheiros. Como lhe contei, havia apenas cinco banheiros para quase duzentas pessoas, que só podiam usá-los no mesmo horário. Eis aí um espetáculo que não consigo descrever. Os banheiros eram muitos pequenos, sem água corrente; o sanitário não passava de uma cavidade no chão semicoberto por um piso de cimento no qual estava preso um caixote quadrado com um buraco no meio. A maioria das meninas era do campo e se comportavam como se estivessem no campo. Certamente por pudor, as freiras não faziam nada para nos educar nesse aspecto; assim, no banheiro, além dos excrementos, havia montes de trapos de todas as cores. A coisa mais nojenta que já vi na vida, pode acreditar. E, diariamente, era preciso recolher todos esses trapos e todas essas porcarias, lavar tudo com a vassoura e muita água, e fazer toda a sujeira escorrer até o ralo do pátio próximo; e depois, preparar jarros de água quente com creolina para desinfetar os banheiros e o pátio. As tarefas domésticas, com exceção da limpeza dos banheiros, tinham de estar concluídas às oito horas, quando devíamos ir para as oficinas de trabalho. Havia quatro oficinas, sendo a de bordado à mão a mais importante e a mais lucrativa para o convento. Seguia-se a de corte e costura à máquina, que, como a de bordado, também se situava no primeiro andar. No térreo, distribuídas em diversos pátios, ficavam a rouparia e a sala de remendar e tecer e, no quarto pátio, junto ao quintal, a lavanderia e a sala de passar roupa.

A nossa vida estava direcionada a dois únicos e simultâneos objetivos: trabalhar o máximo para ganhar o que comíamos e, segundo as freiras, salvar nossas almas, protegendo-nos dos pecados do mundo. Mas o preço que pagávamos para salvar nossas almas eram dez horas de trabalho por dia. Independentemente da idade ou da capacidade, sempre havia tarefas para todas. Nunca víamos as pessoas que levavam o que produzíamos nas oficinas; as freiras é que falavam com elas. Sabíamos o nome de algumas clientes, pois as freiras nos diziam que eram muito exigentes e que examinavam cada peça minuciosamente. Havia uma tal de sra. Sierra, que encomendava lençóis e toalhas de mesa bordados, porém as melhores freguesas eram umas que as freiras chamavam de turcas; elas levavam peças e peças dos mais belos linhos para transformarmos em toalhas de mesa e lençóis. Os trabalhos para as turcas eram os mais importantes — elas mesmas forneciam os moldes dos bordados, que sempre eram complicadíssimos, nem um centímetro das toalhas de mesa ficava sem bordar. Também encomendavam roupa íntima de seda e camisolas compridas, bordadas até os pés. Fazíamos enxovais completos para os casais elegantes de Bogotá, Cali e Medellín, e também para os grandes batizados. As igrejas e outros conventos encomendavam casulas, capas, alvas, roquetes e toalhas para os altares. Uma das especialidades do nosso convento era o bordado a ouro, no qual o manejo dos fios e canutilhos não só é muito difícil e delicado, como requer boas mãos, que pouquíssimas meninas tinham, já que nas mãos de muitas o ouro ficava preto. As freiras chamavam isso de maus humores, e quem tinha maus humores não podia tocar o ouro, ainda que soubesse manejá-lo, porque lhe tirava o brilho. O exército nos encomendava bandeiras e escudos para festas e desfiles; cada regimento precisava de uma bandeira com o nome e as insígnias bordados a ouro. As associações católicas de são Vicente, de santo Antônio, das Carmelitas, das Filhas do Coração de Jesus, das Filhas do Coração de Maria etc. encomendavam estandartes para as procissões. Também fazíamos trabalhos para a Casa Presidencial.

Para você, querido Germán, tudo isso pode estar bem claro, mas para nós, que nunca vimos nem a ponta do nariz das pessoas que encomendavam os trabalhos e não sabíamos nada de nada, essa mistura de peças, as turcas, os oficiais da infantaria, as Filhas do Coração de Maria, a faixa para o presidente da República, a mitra para o bispo, os pijamas bordados dos diplomatas, todo esse palavreado e mais as orações em latim e as frases "no mundo", "para o mundo", "vem do mundo", como música de fundo eterna, porque tudo que acontecia no convento não acontecia no mundo... Não. Tudo era do mundo, menos nós... Não podíamos pedir explicação de nada; mundo era pecado e ponto final. Por isso, nas nossas orações, tanto na hora de começar a trabalhar como à noite, sempre rezávamos algumas ave-marias pelos nossos clientes pecadores que nos beneficiavam com suas encomendas para podermos comer e salvar nossas almas.

Naturalmente, essa insistência no mesmo tema acabava nos convencendo de que éramos as criaturas mais afortunadas e felizes. Por esse motivo, nunca nos ocorria protestar nem clamar por justiça. Nossa vida não tinha futuro, e toda a nossa ambição era ir do convento direto para o céu, sem passar pelo mundo. No céu nos esperavam, de braços abertos e entoando cânticos celestiais, os santos, os anjos, os arcanjos e os querubins, que, entre nuvens, nos conduziriam ao reino de Deus e da Virgem Maria para toda a eternidade.

Nosso único inimigo era o diabo. Sabíamos tudo sobre ele; sabíamos mais sobre o diabo do que sobre Deus. Conhecíamos todos os seus truques, todos os meios de que se valia para nos fazer cair em pecado. Também conhecíamos o inferno de ponta a ponta. Tínhamos a impressão de que poderíamos percorrê-lo de olhos fechados; sabíamos como eram os caldeirões de óleo fervente em que o diabo mergulhava os pecadores nus para, em seguida, arrancar-lhes o couro pedacinho por pedacinho. O diabo tinha uns garfos de ferro enormes, com os quais virava as almas nos poços de fogo, como se fossem nacos de carne numa panela. Tinha milhões de correntes, com as quais amarrava os pecadores para arrastá-los por caminhos e montanhas juncados de cacos de vidro e espinhos. O diabo era grande, muito ágil, capaz de saltar vários metros; vestia-se de vermelho ou de um verde fosforescente; tinha o cabelo espetado, chifres como os do touro, olhos amarelos que lançavam chamas, unhas longuíssimas e verdes, dentes grandes como os dos burros; quando abria a boca, exalava um cheiro horrendo de enxofre. O inferno estava repleto de cavernas escuras onde viviam animais terríveis que não conhecíamos, mas que se chamavam leões, serpentes, jacarés, além de muitos outros, grandes e pequenos, mas todos terríveis. Se alguém havia pecado com os olhos, o diabo lhe arrancava os olhos com umas agulhas quentes; se havia pecado com a boca, ele lhe cortava a língua em pedacinhos. Sabíamos tudo sobre o diabo, até porque não nos deixavam esquecê-lo. Se jogássemos linhas fora, as freiras diziam que o diabo ia recolhê-las para nos torturar com elas no inferno, assim como faria com a comida que jogássemos fora. Se nos confessássemos e comungássemos em pecado, ficaríamos cobertas de chagas imundas, nas quais o diabo depositaria vermes verdes, vermelhos e amarelos que nos devorariam.

A irmã Dolores Castañeda era a superiora. Alta, magérrima, com a pele tão branca que quase chegava a ser transparente, com as mãos divinas sempre entrelaçadas sobre o peito, apertando o Cristo pendurado na corrente que trazia ao pescoço. Era quem tocava o harmônio na capela. Nunca nos bateu, nunca gritou conosco, nunca nos humilhou; sempre tinha um sorriso angelical, cheio de bondade. Nós a adorávamos. Toda noite, antes de entrarmos na capela para as últimas orações do dia, essa criatura angelical nos dava uma espécie de palestra ou conferência, que chamávamos de "o boa-noite da diretora".

Sempre ereta, com seu andar elegante e seu eterno sorriso, saía do quarto para o corredor onde, em fileiras de seis, a esperávamos todas as noites.

— Boa noite, irmã superiora — gritávamos todas em coro. Ela levantava a mão branca e lindíssima e nos dava a bênção. Esperava fazermos absoluto silêncio para iniciar a palestra. Se durante o dia uma de nós havia cometido uma falta grave, ela falava sobre isso, recriminava a culpada e, ao mesmo tempo, nos aconselhava e nos orientava com extraordinária bondade. Se estávamos na véspera da festa de um santo importante, como são José, santo Antônio, santo Inácio ou são João Bosco, falava-nos sobre eles e nos contava passagens da vida deles. Se estávamos no mês de Maria, falava-nos sobre a Virgem; se estávamos perto do Natal, falava-nos sobre o nascimento do Menino Jesus; se estávamos na Semana Santa, sobre a Paixão de Cristo. Mas, quando não havia nada disso, ou seja, na maior parte do ano, falava-nos sobre seu assunto favorito: o diabo.

Que imaginação prodigiosa! Durante vinte minutos, discorria sobre ele sem nunca se repetir: sempre encontrava novos exemplos, novas formas e cores para nos explicar como era o inferno. Toda vez nos descrevia novos meios de tortura, cada um pior que o outro. O diabo era, sem dúvida, sua personagem e seu papel favoritos. Ao interpretar o diabo, a irmã Dolores elevava ao nível do sublime suas capacidades de grande atriz dramática: retorcia a boca de mil jeitos para imitar os rugidos e bramidos mais macabros; arregalava os olhos, habitualmente meigos, como se fossem saltar das órbitas e os revirava em todas as direções; conferia à voz todos os matizes; demorava-se nas pausas; transformava suas lindas mãos em atrozes instrumentos de tortura; e a ouvíamos sem pestanejar, quase sem respirar, aterrorizadas, com o coração disparado. Lembro que uma noite, durante uma das suas mais famosas descrições do diabo e do inferno, bem no ponto mais macabro do relato, os dois gatos que viviam fechados na padaria escaparam e, perseguindo um ao outro, passaram como loucos entre nossas pernas. Claro que ninguém viu os gatos nem pensou neles; todas nós pensamos no diabo e entramos em pânico. Jogamo-nos em peso sobre a superiora, que desabou no chão, sem véu nem Cristo, com as mangas em frangalhos, porque cada uma de nós lhe arrancou um pedaço de alguma coisa para se defender do diabo. Para nós ela era a santidade, e a única maneira de nos salvar era arrancando-lhe um pedaço, tudo isso entre gritos e trechos de várias orações. Quando as outras freiras apareceram para tirá-la de baixo de nós, a coitada estava mais morta que viva. Não a vimos por três dias.

E não me repreenda, porque, se você acredita que basta ter ideias, lhe digo que se a gente não sabe escrevê-las de modo que sejam compreensíveis, é como se não as tivesse. Minha cabeça é como um quarto abarrotado de trastes velhos que não sei mais o que são nem em que estado se encontram. Se eu não tivesse em vista o prêmio de ir com vossas mercês à Rússia, juro que não continuaria. Mas não fique triste, porque das pessoas tristes também se aproveita o diabo.

Beijos para as Gabrielinhas e um abração,

Emma
Paris, 28 de fevereiro de 1970.

Carta 14

Meu querido Germán:

Cada oficina de trabalho era dirigida por uma freira especializada no assunto. A sóror Carmelita, a única santa que conheci, era quem dirigia a oficina de bordado. Tinha mãos de anjo — tudo o que fazia era perfeito. Não havia problema que a sóror Carmelita não conseguisse resolver; era ela que criava os moldes e os decalcava nos tecidos. Recebíamos as costuras já prontas para bordar; ela inventava monogramas de uma beleza e de uma elegância extraordinárias para lençóis, lenços e pijamas. Se alguma de nós cometia um erro ao bordar ou rompia as costuras sem querer — o que acontecia muitas vezes —, ela consertava. Conhecia mais de trezentos pontos, que escolhia segundo o desenho e a qualidade do tecido. Juntamente com a costura, entregava-nos o risco correspondente e, como não sabíamos ler, desenhava em azul o ponto que queria que bordássemos em cada molde. Muitos anos depois, eu a substituí em quase todas as funções, porque a coitada já estava praticamente cega. A oficina de corte e costura era dirigida pela sóror Trinidad, natural da região de Antioquia, forte como um touro e de uma dureza e um desprezo quase inumanos. Era a que mais nos maltratava, porque éramos filhas da rua, pobres, burras, criaturas desprezíveis e dignas de lástima. No entanto, era uma costureira extraordinária e, claro, como todas, tinha lá suas favoritas. A sóror Teresa, a mais vulgar, ordinária, com alma de carrasco, dirigia a rouparia e a lavanderia. O trabalho da lavanderia era gigantesco e, depois dos bordados, o mais lucrativo. Toda semana chegavam cento e cinquenta sacos de roupa para lavar, passar e remendar. Havia muita peça delicada de igrejas ou toalhas de mesa que precisavam ser engomadas e passadas com perfeição. A sóror Teresa dirigia tudo o que se referia à rouparia, mas a responsável pela sala de passar era a sóror María Ramírez, a freira que eu mais amava. Os ferros de passar eram a carvão e de todos os tamanhos, alguns pesadíssimos e grandes; outros, tão pequenos que pareciam de brinquedo. Mais de vinte ferros ficavam sempre numa banca de cimento, todos quentes, prontos para serem usados.

No segundo pátio ficava a sala de tecer e remendar. A diretora era a coitada da sóror Inés, que nunca levávamos a sério, pois a considerávamos igual a nós e não a obedecíamos; as próprias freiras não a respeitavam. Parece que era de uma família muito humilde de Boyacá, e, entre as freiras, as diferenças de classe social eram terrivelmente marcadas.

A sóror Honorina era o nosso divertimento. Italiana, falava espanhol muito mal; era bem velha, porém tão ágil e agitada que não conseguia ficar parada, vivia em constante inquietação. Tinha mau gênio, mas era de uma bondade e de uma qualidade humana extraordinárias. A primeira coisa que nos fazia rir era o nome, Honorina; depois, a língua e a fanfarrice, pois havia nela alguma coisa de palhaço napolitano. Ela dirigia a cozinha e a padaria. Tinha quinze meninas sob o seu comando. Era a única que saía para o mundo: ia fazer compras, acompanhada por duas velhas que estavam no convento havia trinta anos, e passaram esses trinta anos na cozinha. Não eram consideradas iguais a nós, não seguiam o regulamento, não participavam de nada. Tinham um aposento só para elas, em cima da padaria. Nunca falavam com as meninas.

Você já percebeu que, com essa infinita variedade de trabalhos, as freiras sempre acabavam encontrando alguma serventia em cada uma de nós. Até a menina mais burra servia para alguma coisa, ainda que fosse só para soprar os ferros de passar, desembaraçar uma linha, descosturar uma peça, enfiar uma agulha, torcer a roupa, separar a roupa suja. Lembro-me de uma menina de idade indefinida, meio mongoloide, que durante os dez anos que viveu no convento passou dez horas por dia fazendo bolas de sabão. Para lavar a roupa usavam um sabão preto, chamado sabão de terra, e um amarelo, chamado sabão de pinho. Era preciso misturar os dois e fazer bolas do tamanho da mão.

A primeira tarefa que me deram foi remover com uma vassourinha as montanhas de espuma que se acumulavam nos ralos da lavanderia e que impediam o escoamento da água. Durante meses, passei dez horas por dia indo de um ralo para o outro, sem poder sentar nem por um instante. As meninas que trabalhavam na lavanderia eram, por um lado, as fisicamente mais fortes e, por outro, as mentalmente mais fracas. Minha segunda tarefa — que representava uma elevação de categoria — foi na oficina de bordado, onde me dedicava a passar o fio nas agulhas para as bordadeiras. Só me diziam "dez", "seis", "oito", "três de alinhavo", "de canutilho", "de enchimento", "de caminho de mesa", sendo que cada uma dessas palavras designava um tipo de linha. Eu adorava essa tarefa. Passava o dia sentada num banquinho, diante de uma mesa comprida onde estavam dispostas todas as linhas impecavelmente e, espetadas numa almofadinha azul, mil agulhas de diferentes espessuras, pois cada linha requeria um tipo de agulha. Quando eu furava o dedo a ponto de sangrar, a sóror Carmelita dizia que minha alma ia sair pelo furo, o que me dava um medo danado. A primeira coisa que a bordadeira aprendia era puxar a agulha. As peças delicadas de linho fino e, especialmente, de cetim ou moiré, que eram bordadas com fios de ouro ou prata, não podiam ser encaixadas no bastidor porque se amarrotavam; era preciso esticá-las no tamanho natural. Evidentemente, os olhos e os braços das bordadeiras não iam além de quarenta centímetros da borda. Para fazer o centro, tinham de ficar em pé e recorrer à ajuda de outra menina, que era quem puxava a agulha. Ela ficava deitada nuns caixotes instalados sob a peça, com a cabeça exatamente debaixo da parte que estava sendo bordada, e nessa posição recebia a agulha e esperava a bordadeira lhe indicar por meio de um furo feito com uma agulha mais grossa o lugar exato onde tinha de devolver a agulha. Era um trabalho terrivelmente cansativo e que exigia atenção permanente. Quando a pessoa saía dali debaixo, quatro ou cinco horas depois, andava como um bêbado que acaba de sair do boteco. Essa foi minha terceira tarefa. Para o meu azar, adquiri tamanha habilidade que não precisavam me espetar para devolver a agulha; aprendi a bordar pelo avesso, o que representava um avanço fantástico, e durante vários anos não consegui mudar de função. Naturalmente, isso contribuiu muito para que os meus olhos, já vesgos quando eu era pequena, piorassem. Ninguém sabia mais para que lado eu estava olhando.

Depois de várias discussões, as freiras resolveram me dar óculos para remediar minha vesguice. Óculos feitos por elas, evidentemente. Foi a própria diretora que os fez, e eram muito simples: dois quadrados de papelão preto bem forte, amarrados com arames, cada qual tendo no centro um único furo, feito com agulha. Para ver alguma coisa, eu tinha de olhar pelo furo; do contrário, não via nada.

Foi um santo remédio. Eu estava feliz, porque me sentia diferente das outras. Durante quatro anos, aguentei esses quadrados de papelão em cima do nariz, mas não creio que nenhum oculista tivesse me proporcionado cura melhor.

Durante o expediente, era estritamente proibido conversar. Só nos permitiam perguntar, em voz bem baixa, coisas relacionadas ao trabalho. Em cada bastidor ou peça importante havia uma menina que era responsável pelo trabalho que dirigia as ajudantes. Também nos permitiam rezar em voz alta. Qualquer uma de nós podia puxar um rosário, uma oração pelas almas do purgatório ou em lembrança do sofrimento de Jesus no Monte das Oliveiras. E, como vivíamos endividadas, rezávamos o mais que podíamos durante o trabalho. Nesse sentido, a srta. Carmelita desempenhava o papel mais importante em nossas vidas. Como nenhuma de nós tinha dinheiro, todos os presentes que fazíamos — que eram muitos — tinham a forma de ramalhetes espirituais.*

Para o dia do santo da diretora, um ramalhete; para o do santo do capelão, outro ramalhete; para enviar ao papa, em Roma, no dia de são Pedro, um ramalhete; para o dia do santo da freira com quem trabalhávamos; para a Virgem no mês de Maria; para o Menino Jesus no Natal; para são João Bosco, nosso padroeiro; para a madre Carolina Mioletti, diretora-geral da comunidade; para o bispo no dia do seu onomástico; para nossas amigas no dia do seu santo… Ou seja, praticamente não havia um mês em que não tivéssemos de dar um ramalhete. Acho que

---

* "Ramalhete espiritual", no catolicismo, é o conjunto de orações, sacrifícios e boas obras realizado na intenção de Deus ou de alguma pessoa. Pode vir na forma de um cartão, como símbolo, mas o que importa é praticar o que está escrito nele. (N. E.)

entre nós não havia mais de dez meninas que sabiam escrever, pois éramos quase todas analfabetas. E justamente a srta. Carmelita era a única pessoa que podia nos ajudar. Como não tinha obrigações com o convento, dispunha de todo o seu tempo. Não sei quando lhe nasceu essa vocação, mas o fato é que ela era a nossa secretária e contadora.

Quando tínhamos de dar um presente, íamos procurá-la de uma em uma, em ordem alfabética, na hora do recreio. Ela não permitia que fossem duas ao mesmo tempo. Ao seu lado, sobre uma mesa, ficavam os grandes livros de contabilidade e, numa lata, os papéis coloridos em que escrevia nossos ramalhetes ou nossas cartas para os santos ou para o Menino Jesus no Natal. A fórmula dos ramalhetes era a seguinte:

Eu, Emma Reyes, ofereço com muito carinho e respeito à irmã superiora (ou a quem fosse) o seguinte ramalhete espiritual por ocasião do seu santo:

- MISSAS (Aqui a quantidade, em números)
- COMUNHÕES 50
- HORAS DE SILÊNCIO 20
- ROSÁRIOS 20
- ORAÇÕES PELOS SEUS PARENTES FALECIDOS 100
- MORTIFICAÇÕES 25
- ATOS DE HUMILDADE 25

Os ramalhetes de Natal para o Menino Jesus eram diferentes, porque tínhamos de lhe fazer a roupa para que não chegasse nu ao mundo, e eram redigidos assim:

Eu, Emma Reyes, ofereço ao Menino Jesus para o seu nascimento:

- Seis camisas de bebê, de lã, a pagar com 6 missas.
- Uma dúzia de fraldas a pagar com 12 comunhões.
- Uma touquinha de lã azul (tínhamos liberdade para escolher a quantidade, o material e as diferentes peças) a pagar com dez horas de silêncio.
- Dois pares de sapatinhos de bebê com pompons rosa e azul a pagar com vinte atos de humildade (e assim por diante, até completar o enxoval).

Cada ramalhete era assinado com "Sua humilde, Emma Reyes", ou com "Sua filha indigna, Emma Reyes". Ao terminar de escrever, a srta. Carmelita dobrava o ramalhete em quatro e o entregava a nós para que o fizéssemos chegar ao destinatário. Depois, pegava um dos grandes livros em que escrevia nossos nomes e anotava as quantidades, fazia as somas e nos perguntava quanto havíamos pago.

— Paguei dez missas.

— Dez missas? Assim não é possível! Você já está devendo trezentas missas e, nesse passo, nunca vai acabar de pagar. E o que mais?

— Quinze rosários.

— Bom...

— E cem orações para as almas. Mais nada.

— Como assim "mais nada"?

— E as horas de silêncio e os atos de humildade.

E aí começavam as discussões mais terríveis. Ela nos insultava, nos chamava de ladras e desonestas; não pagar a Deus o que devíamos era o roubo mais atroz que podíamos cometer.

— Se na próxima vez você não pagar o que me deve, não vou mais cuidar das suas contas. — A dívida já não era com Deus: era com ela.

Porém, na vez seguinte não só esquecia, como, no momento

de fazer o ramalhete, nos obrigava a dar mais, chamando-nos de avarentas, hereges, egoístas... qualificativos não lhe faltavam.

Uma moça de Tolima que estava no convento havia vinte e dois anos devia tanto que tinha um livro só para ela. No dia do santo da diretora, essa moça foi pedir à srta. Carmelita que fizesse o ramalhete. A srta. Carmelita ficou furiosa; disse que nunca mais queria vê-la, que ela era desonesta, mentirosa, ladra de Deus, e que ia denunciá-la à irmã superiora. Pobre Consuelo; era uma boa pessoa, cantava lindamente, e sobretudo nós, as menorzinhas, gostávamos muito dela, porque era muito maternal com a gente. Como a coitada chorava o dia inteiro, decidimos que, durante uma semana, ofereceríamos todas as nossas missas, comunhões, rosários e horas de silêncio para pagar a dívida de Consuelo. Havia uma menina de doze ou treze anos que a adorava. No recreio, vivia grudada nela. Chamava-se Inés Peña.

Um dia, estourou o escândalo: as companheiras de banco contaram para a superiora que durante uma semana a viram levantar duas vezes para receber a hóstia na hora da comunhão. A coitada fazia isso para ajudar a amiga a pagar os milhares de comunhões que devia. As freiras gritaram "Sacrilégio! Sacrilégio!", e trancaram-na num cômodo escuro, que ficava debaixo de uma das escadas. Diziam que, nesse cômodo, muitos anos atrás, uma mão peluda fizera uma menina que estava em pecado mortal desaparecer.

Inés ficou mais de dez dias presa, até que chegou o bispo, acompanhado do padre Bacaus. Com um incensório e um crucifixo grande na mão, o bispo e o capelão, seguidos pelas freiras, chamaram-na três vezes. Nós estávamos trancadas no pátio de trás, mas a sóror María nos descreveu toda a cerimônia. O bispo chamou Inés três vezes e lhe ordenou, em nome de Deus, que se deitasse no chão. A porta continuava fechada. Rezaram várias orações, borrifando água benta na porta. Terminadas as orações, a superiora abriu a porta, mandou Inés se ajoelhar e, de joelhos, aproximar-se do bispo. Então o bispo apoiou o crucifixo na cabeça da menina e, com voz firme, ordenou ao diabo que saísse do corpo dela. Quando achou que o diabo já tinha saído, borrifou-a com água benta e a fez beijar o Cristo. Depois, tomou-a pela mão e a levou para a capela, onde tomou a confissão dela pessoalmente. A coitada não ficou muito tempo no convento; pediu para escrever para uma tia, sua única parenta, e a tia a levou embora. Mas imagine o exemplo que foi para todas nós.

Não posso dizer que amávamos a srta. Carmelita — pelo contrário, sabíamos que contava para as freiras muita coisa que fazíamos e que tinha simpatizantes que a informavam de tudo.

Cada uma de nós tinha um motivo pessoal para não gostar dela, mas, ao saber que estava doente ou que perdera o apetite e não queria comer, ficávamos terrivelmente angustiadas. Todas, em coro, rezávamos rosários e mais rosários para que a Virgem não deixasse o cinturão se fechar. Porque, se a srta. Carmelita morresse, ninguém mais poderia cuidar das nossas dívidas com Deus.

Um abração.

Emma
Paris, 28 de março de 1970.

Carta 15

Meu querido Germán:

Fomos chamadas de Novas por mais de um ano, até o dia em que chegou outra Nova e imediatamente recuperamos nossos nomes.

Já estávamos nos acostumando, mas o fato de nos chamarem como a sra. María e Betzabé nos mudou completamente. Eu comecei a ganhar coragem para me afastar de Helena e conversar com outras meninas. Graças aos nossos longos meses de observação, já tínhamos uma ideia das qualidades das nossas colegas, e já sabíamos quais eram malvadas e quais eram mais simpáticas ou antipáticas.

O grupo de que mais gostávamos era o da Ester. Era formado por seis meninas um pouco maiores que Helena, mas que pareciam simpáticas, menos vulgares e grosseiras que as outras. Nunca nos dirigiram a palavra, mas também nunca nos fizeram mal. Quando tiraram minha calcinha, nenhuma delas participou. Eram muito alegres e viviam inventando novas brincadeiras. Embora não fosse a mais velha, Ester era a líder do grupo. Devia ter uns onze anos, era muito bonita, loira com olhos cinzentos, estava sempre muito limpa e fazia bem tudo o que fazia. Era a que pulava corda melhor, a que jogava bola melhor; cantava lindamente e tinha uma voz suave; ao rir, sempre mostrava a ponta da língua; tinha uma carinha de malandra e uma simpatia irresistível. Era filha de um marinheiro francês, que ela não conheceu, e de uma moça de Santa Marta, que morreu afogada no mar quando Ester tinha apenas três anos. Como nunca mais se soube nada do pai, uma família a recolheu e a levou para o convento. Um dia, tive a sorte de ser designada para trabalhar com ela na mesma peça, uma toalha de altar que seria adornada com crivo, e nossa tarefa era tirar fios do tecido a fim de prepará-lo para receber esse tipo de bordado. Um dia, ganhei coragem para lhe dizer que queria fazer parte do grupo dela e perguntei se me aceitariam. Nesse mesmo dia, na hora do recreio, ela falou com as outras, que me receberam no grupo depois de me fazer jurar por Deus que não as trairia. Eu não sabia exatamente o que isso significava, mas me ajoelhei num canto e jurei que não as trairia. Helena, por sua vez, tinha começado a fazer amizade com uma menina que se chamava Bárbara e era muito maior que ela.

Entre as companheiras de Ester estava Estela, que tinha duas irmãs bem mais velhas pertencentes a outros grupos. Dizia-se que as três eram filhas de um homem muito rico de Tolima, em cuja casa a mãe delas trabalhava como empregada. Estela era um pouco pretensiosa e vaidosa, mas tinha bons modos e era muito inteligente. Outra era Rosario, uma menina comum que as freiras humilhavam muito porque também não tinha pai, e a mãe vendia verdura na feira. Já Teresa era a boba do grupo, a que mais nos fazia rir. Era redonda de tão gorda, e por isso a chamávamos de barril. A mãe dela trabalhava numa grande padaria e toda semana lhe enviava sacos de pães deliciosos, que ela religiosamente dividia com as companheiras. Inés era a romântica, vivia no mundo da lua. Era a única do grupo que havia frequentado a escola e aprendido a ler. Dotada de uma memória prodigiosa, contava-nos, página por página, as histórias que tinha lido; fazia mais que contá-las: recitava-as. Não se sabia nada sobre ela. Uma senhora rica de Bogotá, que tinha o sobrenome Uribe, era sua protetora, visitava-a duas ou três vezes por ano e lhe mandava roupas, mas não se sabia nada sobre seus pais. Contei para essas meninas o que havia combinado com Helena: não sabia quem eram meus pais e não me lembrava de nada do meu passado. Como já disse, nunca traímos o nosso segredo.

Não sei quanto tempo fazia que a Nova tinha chegado, mas o fato é que eu já participava ativamente do grupo e estava começando a botar as manguinhas de fora, como diziam as freiras, ou seja, estava começando a organizar travessuras com as minhas amigas.

A Nova, como todas as novas, continuava sozinha, sem ser adotada por nenhum grupo. Era a menina mais triste que já vi na vida: devia ter uns dez anos, magricela, pálida como cera, com uma cabeça muito grande que parecia desproporcional ao corpo raquítico; além disso, tinha uma vasta cabeleira muito crespa que lhe caía pelos ombros, pois as freiras não conseguiram obrigá-la a usar trança como as outras — ela sempre as desmanchava e soltava os cachos. Tinha olhos enormes, que me lembravam os do Menino, não sei o porquê: negros, imensos, com cílios longuíssimos. Davam a impressão de enxergar mais além, mais fundo que os olhos das outras. A Nova andava como se pairasse no ar, sem pôr os pés no chão; e toda a sua tristeza se refletia na boca. Não sei...

Não consigo explicar... era uma boca que pedia ajuda, que sempre expressava dor profunda. Eu a observei muito, porque ela ficava do meu lado na capela para que a sóror Teresa a ensinasse a se comportar; e, apesar de ser mais velha que eu, a menina era praticamente da minha altura. Sábado à tarde era nosso único tempo livre para cuidar da nossa roupa: lavá-la, remendá-la e passá-la. A sóror Teresa nos dava uns trapos velhos que não sei de onde tirava, e os remendávamos e adaptávamos. As batas do uniforme eram iguais para todas. Ao chegar, recebíamos duas batas: uma nova, para ir à capela e às festas, e uma mais ou menos velha, para uso diário. A segunda era a que lavávamos aos sábados para vesti-la de novo no domingo, o que significa que sábado era o único dia em que podíamos circular sem uniforme, com os vestidos velhos que nos davam. Claro que muitas meninas tinham parentes ou protetores que lhes levavam roupas, mas nós, que não tínhamos ninguém, vestíamos o que as freiras guardavam ou ganhavam dos chamados benfeitores do convento.

Num desses sábados, a sóror Teresa jogou um saco de retalhos do primeiro andar para que cada uma de nós pegasse o que precisasse para remendar, e, claro, nos lançamos sobre o saco como urubus sobre carniça, travando batalhas terríveis por um pedacinho de pano que nos servisse para remendar uma calcinha ou uma combinação. Era um dia muito frio e cinzento, e uma tempestade estava a caminho; logo começaram os trovões e relâmpagos, e, de repente, desabou um verdadeiro dilúvio. Os trovões pareciam raspar o telhado do convento. Educadas no pavor do inferno, da morte, do pecado e do diabo, morríamos de medo de tempestade.

Rezando em voz alta e nos benzendo a cada trovão, corremos para o único pátio coberto que havia; um pátio muito pequeno, embaixo da oficina de bordado. Ali estavam os armários onde guardávamos nossas sacolas de higiene pessoal. Cada sacola tinha nosso nome e ficava pendurada num prego. Sobre umas tábuas, estavam também as horríveis bacias de latão onde lavávamos a cara e os pés.

Eu estava tão assustada com os trovões que corri por entre as pernas de todas e me enfiei num dos armários. Para minha grande surpresa, me deparei com a Nova, que havia chegado antes e que, sem pestanejar, com os olhos arregalados, derramava rios de lágrimas. Instintivamente, comecei a passar a mão na cabeça dela e a enxugar suas lágrimas com a minha bata. Nesse momento, um raio caiu no quintal, a casa inteira estremeceu, e uma chama vermelha, verde, azul e amarela iluminou tudo. A Nova e eu nos abraçamos com toda a força, os rostos colados um no outro, nossas lágrimas se misturando. Não sei por quanto tempo ficamos agarradas; muito, talvez, porque a tormenta continuou com a mesma violência. Pouco a pouco, a tempestade foi acalmando, mas havia transformado os pátios em lagos, e as freiras nos mandaram esperar a água baixar. Eu me pus a conversar com a Nova. Perguntei seu nome. Ela falou que se chamava María e que não tinha pai, só mãe, um irmão e uma irmã muito mais velha, casada e com dois filhos. Quando lhe perguntei onde estava o irmãozinho, desatou a chorar. Voltei a acariciar sua cabeça, encantada com seus cachos. De repente, ela ficou muito séria e, numa voz bem firme, perguntou:

— Você é minha amiga?

— Sou, sim. Sou sua amiga e gosto de você — respondi.

— Se eu te contar uma coisa, jura que não conta para ninguém?

— Juro.

— Jura por quem?

— Sei lá... pela Virgem... É, juro pela Virgem que não conto para ninguém o que a Nova...

— Nova, não. María — ela me interrompeu.

— Juro pela Virgem que não conto para ninguém o que a María me contar.

— Beije a cruz.

Fiz uma cruz com dois dedos e a beijei.

— Chegue bem perto... Assim... Mais perto... Ponha o ouvido bem perto de mim. Isso. Agora vou te contar. Falei que tenho um irmãozinho. Bom, eu trouxe esse irmãozinho para o convento. Ele está comigo.

— E onde ele está escondido?

— Espera, já vou contar. Quando ele nasceu, era tão pequenininho que a minha mãe nem chegou a ver. Eu roubei ele e sempre o trago comigo. Mas, aqui no convento, o coitado vive com fome, porque o que nos dão não chega para dois, e quando ele não come, não pode sair para o mundo, e, se não sai para o mundo, fico sem saber nada da minha mãe, da minha irmã casada, dos amigos que eu tinha lá fora. Você vai me ajudar? Vai me ajudar a arrumar comida para o Tarrarrurra?

— Quem é o Tarrarrurra?

— É o meu irmãozinho.

— Eu quero ver. Onde ele está?

— Aqui, aqui. Espera.

Ela levantou a bata e tinha um saquinho de veludo vermelho amarrado na cintura. Desamarrou-o bem devagar e tirou dali um bonequinho de porcelana branca minúsculo, com no máximo cinco centímetros, os braços grudados no corpo e as pernas grudadas uma na outra. Estava tão carcomido que praticamente não tinha nariz nem boca, e os olhos tinham um pontinho preto no meio.

— Pode olhar. Pode pôr a mão nele, mas com todo o cuidado para não machucar. Vou perguntar para ele se quer que você seja nossa amiga.

Delicadamente, María encostou Tarrarrurra ao ouvido,

debaixo da sua linda cabeleira, e sorriu. Seu rosto se transfigurou por completo, tornando-se radiante; seus olhos brilhavam e pareciam ver além dos muros. De vez em quando, ela inclinava a cabeça e dizia:

— Sim, sim. Claro. Eu falo, mas com uma condição: você tem de prometer que toda noite, quando a gente estiver dormindo, você vai sair pela janela e vai lá para o mundo e vai voltar com muitas notícias para nós. É, você tem de contar para nós tudo que está acontecendo lá fora. O quê? Você quer fazer xixi? Mas está chovendo, não posso te levar, não posso atravessar o pátio. Sim, eu prometo que, assim que puder, eu te levo. Agora vou te guardar; e vê se dorme até a hora de eu poder te levar para fazer xixi.

O diálogo terminou. Com a mesma calma e com os mesmos movimentos lentos, María guardou Tarrarrurra, amarrou o saquinho na cintura e abaixou a bata, arrumando as pregas uma a uma. Eu estava absolutamente encantada, fascinada, com todos os meus pensamentos tomados pela admiração e pelo amor que sentia pela Nova e pelo seu irmãozinho. Não queria perdê-los como tinha perdido Eduardo, o Menino, Betzabé e a sra. María. Já estava decidida a protegê-los e guardá-los para mim.

— O que é que o Tarrarrurra come?

— Tudo — ela respondeu tranquilamente.

— Tudo, tudo?

— Tudo, tudo. Só que come muito. Todo dia me pede comida.

— Vou te ajudar. Prometo que te dou uma parte do meu almoço e da minha janta, mas, se ele achar pouco e não quiser sair para o mundo, então vamos ter de contar para as minhas amigas, para que elas também ajudem a gente. São seis meninas; você conhece elas.

— É, já vi elas com você. Mas você acha que elas não vão contar para ninguém?

— Eu te garanto que não, porque todas nós juramos que nunca íamos contar nada do nosso grupo para ninguém.

— E se elas não me quiserem no grupo? E se não quiserem o Tarrarrurra?

— Tenho certeza de que vão adorar o Tarrarrurra. Você vai ver. Vou falar com a Ester, e, se ela concordar, todas vão concordar.

— Mas, até falar com ela, você dá um pouco da sua janta para o Tarrarrurra?

— Claro que sim. Prometo. Me espera aqui quando sair do refeitório, aqui em frente ao armário.

— Aqui, não — ela falou. — É melhor na fila do banheiro, porque o Tarrarrurra não pode comer na frente das outras. Eu tenho de me trancar no banheiro para dar comida para ele.

— Tudo bem, vou te encontrar na frente do banheiro. Eu ponho a comida na minha sacola de panos e te dou lá.

María inclinou a cabeça e saiu correndo para o banheiro.

Nossa comida era horrível. Tanto no jantar quanto no almoço, sempre havia uma sopa rala de couve, uma colherada de arroz para cada, um mísero naco de carne dura do tamanho de uma noz que sempre era cozido na sopa e que chamávamos de amostra de carne, duas batatas que muitas vezes estavam bichadas e, para encerrar, uma banana verde. Nessa noite, escondi minha carne e a banana para dar à Nova, que estava me esperando onde tínhamos combinado. Ela pegou a sacola e se trancou no banheiro. Eu corri para buscar Ester, levei-a para um canto perto das latas de lixo e lhe contei tudo a respeito de Tarrarrurra. Ela ficou tão encantada quanto eu. Fomos buscar a Nova e lhe pedimos para ver Tarrarrurra. Ela nunca nos deixou pegá-lo; só nos permitia vê-lo, em sua mão, e tocar a cabecinha dele delicadamente com a ponta dos dedos. Ester falou com o restante do grupo, e todas concordaram em colaborar para que Tarrarrurra não morresse de fome e, principalmente, para que pudesse sair para o mundo e nos trazer notícias. A doação sempre ocorria na frente dos banheiros, onde cada uma entregava à Nova um saquinho com parte da sua comida.

Era muito comum andarmos com uma sacola de tecido na mão; a maioria das meninas não brincava no recreio, mas aproveitava a folga para fazer pequenos trabalhos para si mesmas. Faziam muito o que chamávamos de pano de amostra, com exemplos de diferentes pontos de bordado, ou só de ponto cruz, ou só de crivo. Outras faziam monogramas em ponto cruz para marcar a roupa ou toalhinhas de crochê. Assim, como era comum andarmos com uma sacola na mão, ninguém percebia nosso truque. A Nova pegava as sacolas e sumia no banheiro. Nós esperávamos no pátio, sentadas no chão, até ela aparecer com seu passo lento, como se pairasse no ar, sorridente, com os grandes olhos fixos em nós. Sentava com a gente e fechávamos a roda. Era nesse momento que ela nos contava o que Tarrarrurra tinha visto no mundo durante a noite. Era maravilhoso. Agora não me lembro exatamente de nenhuma dessas histórias, mas lembro, com detalhes maravilhosos, de como ela descrevia sua casa, onde havia um gato preto que pegava ratos e os devorava ainda vivos. Ela nos contou que, segundo Tarrarrurra, a vaca do vizinho teve uma bezerrinha linda, que batizaram de Sino. Contou que Tarrarrurra encontrou a irmã dela na cama com o policial da esquina e que ambos estavam completamente nus e que um tocava o pipi do outro. Contou histórias longas sobre os amigos da mãe e sobre um jardim que tinham. Interrompia as histórias várias vezes, porque Tarrarrurra, que ela sempre segurava bem junto ao ouvido, lhe dizia que queria ir ao banheiro ou lhe pedia que não contasse determinada coisa. Às vezes, ela não nos contava nada, porque Tarrarrurra estava com dor de dente ou de barriga e não tinha saído para o mundo. Para nós, Tarrarrurra era uma criatura viva que comia, dormia, tinha dor de dente ou de barriga, podia sair para o mundo e ver o que não podíamos. Estávamos dispostas a viver por ele e para ele.

Um dia, a Nova nos comunicou que Tarrarrurra não queria mais comer batata porque lhe dava dor de barriga e preferia que lhe déssemos mais banana, pão e carne. Obedecemos cegamente. A felicidade de ouvir a Nova contar o que Tarrarrurra lhe cochichava merecia todos esses sacrifícios. Ele nunca repetiu nenhuma história. As aventuras que vivia no mundo eram fabulosas; às vezes, ele entrava na casa dos ricos, onde, segundo nos dizia, todos os pratos e xícaras eram de ouro ou de prata, e os donos usavam trajes maravilhosos de veludo e cetim. Acho que durante todo esse período não pensamos no diabo, nem no pecado, nem no inferno. As histórias de Tarrarrurra preenchiam nossa vida inteiramente.

Lembro que era domingo. Como todo domingo, passamos a manhã no salão de festas, recitando, de memória, trechos do catecismo e da História Sagrada. Com relação à História Sagrada, haviam nos ensinado que Deus expulsou Adão e Eva do paraíso; os dois estavam nus e não sabiam para onde ir, mas Deus e todos os anjos os empurraram com espadas de fogo para que saíssem, porque haviam cometido a desobediência de comer uma maçã que era de Deus e na qual estavam proibidos de tocar. O paraíso estava cheio de árvores de fruta, e eles podiam comer todas, menos a maçã. Nunca viram Deus tão furioso como nesse dia, e foi então que os homens começaram a pecar.

Saímos da aula ao meio-dia. Eu estava realmente preocupada com Adão e Eva: imaginava-os nus, andando sem parar pelos campos, sem saber para onde ir. Fomos direto para o refeitório. Guardei minha carne para Tarrarrurra, mas estava com tanta fome que não consegui guardar a banana também. Ao sair do refeitório, fui direto para o banheiro. A Nova estava esperando. Ester já havia lhe dado sua sacola de pano. Atrás de mim, também com suas sacolas, apareceram Teresa e Rosario, primeiro, e Estela depois; as duas últimas foram Inés e Julia. Ninguém viu a irmã superiora, que estava ao lado de uma coluna, bem na frente dos banheiros. Quando a Nova foi abrir a porta do banheiro com todas as sacolas na mão, alguém a agarrou pelo braço. Era a superiora, que, diante de nós, não pronunciou uma única palavra. Tirou todas as sacolas da Nova, pegou-a pela mão e, bem devagar, sem dizer nada, atravessou os três pátios e desapareceu pela porta que conduzia ao pátio da srta. Carmelita.

Foi a última vez que vimos a Nova. No mesmo dia, a sóror Honorina a levou para a mãe dela. Nem a superiora, nem as freiras nos explicaram nada. Todos os dias, esperávamos que a diretora nos chamasse, ou talvez nos castigasse; não tínhamos como saber se o que fizemos era bom ou mau. O fato de a Nova ter sido expulsa tal como Adão e Eva do paraíso nos levava a pensar que talvez tivéssemos pecado. Embora ninguém nos dissesse nada e nós mesmas não disséssemos nada, nossa vida nunca mais foi a mesma. Com a Nova se foi uma parte de nós, mas não sabíamos qual. Era como se tivéssemos ficado velhas de repente... Sim, como se nossa infância tivesse terminado com Tarrarrurra. Muitos meses se passaram e já não falávamos de Tarrarrurra, porque cada uma de nós o havia guardado no mais íntimo das lembranças de infância. Nosso grupo continuava fortemente unido na cumplicidade, na grande solidão e na esterilidade da nossa vida interior.

Acho que já fazia uns cinco ou seis meses que a Nova tinha sido expulsa, e, como de costume, nos reunimos no corredor do boa-noite, antes das últimas orações na capela. A superiora parecia preocupada ou de mau humor. Primeiro, falou da festa de são José. Contou que ele era pobre e humilde, vivia da carpintaria, cortando tábuas e batendo pregos como um trabalhador qualquer. Logo ele tinha sido o escolhido para ser o pai adotivo

124

de Jesus. Aconselhou-nos a seguir seu exemplo de humildade e fez uma longa pausa.

— E amanhã, a missa será de réquiem — disse, por fim. — Quero que vocês a ofereçam pela alma de uma de suas colegas que faleceu ontem. A maioria de vocês só a conhecia de vista, nem sabia o nome dela e a chamava de "a Nova". Mas um grupinho bem pequeno sabe quem era María. A pálida e transparente María, magrinha e raquítica. Quando a família a trouxe para cá, não nos disse que ela era doente, louca. A pobrezinha encasquetou que o boneco que levava para todo lugar era seu irmãozinho. Dois dias atrás, ela foi passear com a família no rio Bogotá, e resolveu dar banho no boneco, que escorregou das mãos dela e afundou. Quando a família se deu conta, a menina havia se jogado de cabeça na água, com roupa e tudo, para salvar o boneco. Infelizmente não conseguiram salvá-la. Só a encontraram ontem. Ela segurava o boneco bem apertado.

Tchau.

Saudações. Abraços.

Emma

Carta 16

Meu querido Germán:

Na mesma noite em que a irmã superiora nos comunicou a morte trágica de Tarrarrurra e da Nova, fiz xixi na cama. Isso nunca havia acontecido. A sra. María nos educou muito bem nesse aspecto; e, além disso, quando cheguei ao convento, as freiras me deram um penico, que ficava sempre debaixo da minha cama. À noite, os dormitórios eram trancados; se uma de nós se sentisse mal, precisava pedir a chave para a freira que dormia com a gente, mas, como tínhamos pavor de descer sozinhas e atravessar o convento inteiro, aguentávamos até tocarem o sino se não era realmente grave. No entanto, sendo a menorzinha, nos três primeiros anos tive o privilégio de ter um penico. As camas eram de madeira e os colchões eram de palha, revestidos de um tecido muito grosso cuja cor variava em cada dormitório. No dormitório de Maria Auxiliadora, esse tecido era azul; no de Dom Bosco, amarelo; no de santa Teresa, verde; e no do Menino Jesus, o meu, era vermelho, que desbotou com o xixi e manchou tudo. Não falei nada para ninguém e arrumei a cama rapidamente para a freira não ver as manchas no lençol; porém, quando fui fazer a genuflexão na capela, a sóror Teresa viu minhas pernas tingidas de vermelho; eu não tinha pensado nisso, e, no escuro, às cinco e meia da manhã, nem Helena, nem minhas amigas perceberam. A sóror Teresa me levantou pelas tranças.

— Saia daqui e me espere lá fora.

Obedeci, trêmula de medo. Quando as meninas terminaram de entrar, a sóror Teresa saiu e, antes que eu tivesse tempo de abrir a boca, começou a me dar bofetadas e murros em todo lugar. Depois me puxou pela orelha e, andando a passos largos, me arrastou até o dormitório e me mandou tirar as cobertas da cama. O cheiro da palha molhada de urina entrou pelo meu nariz, e a sóror Teresa me agarrou de novo pelas tranças e se pôs a esfregar minha cara no colchão, como com os gatos da padaria quando faziam xixi fora do caixote. Quando entramos na capela, a missa já havia começado. Todas as cabeças se voltaram para me olhar, e eu chorei durante toda a celebração. Depois do café da manhã, mandaram-me levar o colchão e as cobertas para secar no quintal. Ester e Teresa me ajudaram a cumprir essa tarefa e também a lavar com bucha e sabão as minhas pernas tingidas de vermelho.

Na noite seguinte, aconteceu a mesma coisa, assim como na terceira, na quarta e na quinta noite. Eu me esforçava desesperadamente para não adormecer, mas era vencida pelo sono e acabava urinando. O colchão continuava soltando tinta vermelha, e o cheiro da palha se tornava insuportável. Eu sentia esse cheiro o dia todo, levava-o comigo, e não conseguia esquecer minha tortura. Apavorada com a aproximação da noite, eu suplicava ao Menino Jesus e à Virgem a graça de não fazer xixi. Mas nenhum santo escutou minhas súplicas, e as freiras multiplicaram os castigos. Começaram a me obrigar a assistir à missa ajoelhada, sozinha, no meio da capela, sem poder sentar nem levantar. Nos bancos, a gente se ajoelhava numa tábua estreita, o que era muito diferente de ficar com os joelhos diretamente no chão. No terceiro dia, tive vertigem e caí como morta, com a testa banhada de um suor frio; a angústia e meus esforços terríveis para não adormecer certamente me debilitaram. O colchão não secava totalmente durante o dia, e eu tinha de dormir na palha úmida. Como as síncopes na capela passaram a se repetir diariamente, decidiram mudar o castigo. Assim, na hora do recreio, punham o colchão na minha cabeça e proibiam as outras meninas de falar comigo ou de se aproximarem de mim; além de eu não poder mais brincar nem conversar com as minhas amigas, as malvadas — que eram a maioria — se divertiam, insultando-me e tapando o nariz ao passar por mim. Eu não aguentava mais; emagreci e não conseguia mais puxar a agulha, porque tinha vertigem e, como chorava o dia inteiro, sentia uma dor horrível nos olhos. Todos os castigos foram inúteis, pois continuei fazendo xixi na cama toda noite. A essa altura, a diretora já estava assustada e, um dia, me chamou para ir ao seu escritório e me deu balas (nunca mais tinha visto uma bala desde a época da sra. María). Não lembro o que ela falou, mas acariciou minha cabeça, deu tapinhas nas minhas bochechas e me presenteou com uma medalha do Menino Jesus em cima de uma bola, explicando que a bola era o mundo; pendurou no meu pescoço o fio de seda preta que trazia a medalha e me mandou ir até a enfermaria, onde a sóror Teresa tinha um remédio para me curar daquele mal vergonhoso. Três vezes por dia, a sóror Teresa me dava uma xícara grande de uma espécie de caldo preto, um pouco gorduroso, mas sem sal e meio amargo. Além disso, à noite, a sóror Maria me enrolava da cintura para baixo num grosso cobertor de lã.

Passaram-se muitos dias e, não só o remédio não surtia efeito, como o gosto me parecia cada vez pior. Um dia, pergun-

128

tei à sóror Teresa do que era o caldo, e ela, muito séria, respondeu que era caldo de rato.

— Rato? Aqueles bichos pretos que ficam correndo lá na padaria e na cozinha?

— Isso mesmo. É caldo daqueles bichos pretos que ficam correndo lá na padaria e na cozinha.

Ela nem havia terminado a frase e eu já estava vomitando. Vomitei durante três dias, porém nunca mais fiz xixi na cama. Como prêmio, me deram um colchão novo, forrado de vermelho, como o velho. Desde então, sinto grande simpatia pelos ratos.

Setembro era o mês do retiro espiritual; todo ano, na mesma data, interrompíamos todos os trabalhos por cinco dias. Nesse período, não tínhamos permissão de pronunciar nenhuma palavra durante o dia inteiro, nem mesmo no recreio, quando tampouco podíamos brincar. Um padre novo, em geral o padre Beltrán, aparecia diariamente. Não só falava maravilhosamente bem, como era lindo de morrer. Acho que não havia uma única menina, grande ou pequena, que não estivesse apaixonada por ele. Alto, esbelto, com olhos verdes lindos de morrer, esse padre tinha uma voz forte, porém cheia de tonalidades e bemóis, que nos envolvia como uma nuvem. O velho padre Bacaus celebrava a missa, e o bonitão dava duas palestras por dia, às onze da manhã e às cinco da tarde. O tema central era o pecado. O principal objetivo do retiro era fazer uma confissão geral e minuciosa de todos os pecados cometidos durante o ano. Ao longo desses cinco dias, devíamos buscar nos recantos mais escuros da nossa consciência os pecados que lá se escondiam, e a missão do padre Beltrán consistia em nos ajudar a encontrá-los.

Diariamente, de manhã e à tarde, ele discorria sobre os mandamentos, analisando-os profundamente. O mandamento sobre o qual falava com mais ardor era justamente o que menos entendíamos: o sexto. Principalmente nós, as menorzinhas, perguntávamos aos berros o que era fornicar; e ele, com um sorriso malicioso, respondia:

— São todos os pecados contra o pudor, como despir-se diante das colegas ou mostrar partes do corpo uma para a outra. E a partir daí falava sobre a paixão, comparando-a às tempestades do mar. Nascera no litoral e nos descrevia o mar de modo tão violento que nós, que não o conhecíamos, o imaginávamos como a coisa mais terrível e monstruosa do mundo. Essas palestras eram uma verdadeira felicidade para nós. Esse padre era um gênio; imitava os ruídos, o canto dos pássaros, o uivo do diabo no inferno; e era tão lindo que, mesmo quando não entendíamos o que dizia, ficávamos felizes só de vê-lo.

Passávamos o dia inteiro na capela, saindo apenas para comer e caminhar dez minutos nos pátios, sem conversar. O que não me agradava era a hora santa. A diretora fazia a leitura; tinha uma voz suave e lia muito bem, mas o texto era tão macabro que ainda me assusto ao lembrá-lo. Era uma descrição detalhada de todo o nosso corpo no momento da morte. Quando nossos olhos vidrados começarem a perder a visão, quando nossos lábios ficarem trêmulos e roxos, quando nossos pés ficarem frios e inchados... E assim descrevia, todos os dias, com termos realmente macabros, a hora da nossa morte.

O quarto dia era uma espécie de ensaio geral para a confissão, o que nos dava o direito de pedir à srta. Carmelita que nos escrevesse num papel os pecados principais para não os esquecermos. Depois, no confessionário, entregávamos esses papéis ao padre. Assim a confissão era mais rápida, porque, no quinto dia, o coitado do padre Beltrán tinha de confessar todo mundo. O pobrezinho terminava às oito da noite, morto de cansaço, e nós, com vontade de conversar com ele o máximo possível, inventávamos todo tipo de dúvidas e pecados inexistentes, e o coitado tinha de nos explicar que isso não era pecado. A confis-

130

são começava pelas meninas mais velhas, e as menorzinhas eram as últimas.

Já fazia uns três ou quatro anos que estávamos no convento, e as freiras ainda não haviam encontrado uma solução para o nosso problema. Como não descobriram se tínhamos sido batizadas ou não, continuávamos sem crisma e sem comunhão. Só quatro meninas não comungavam: nós e as irmãzinhas Santos. Elas acabaram fazendo a primeira comunhão antes de nós, pois conseguiram a certidão de batismo. Eu não me conformava em não poder me confessar como as outras; me parecia maravilhoso ter essa oportunidade única de conversar sozinha com o padre Beltrán. Como as pequenas eram as últimas e, a essa altura, as freiras já estavam cansadas de nos vigiar, mandaram a sóror Honorina, a italiana que tanto nos divertia. A velha sentou perto do confessionário, com seu breviário, e adormeceu; eu passei por trás dela e, tremendo, me ajoelhei no confessionário. De repente, escutei uma voz que passou por cima da minha cabeça:

— Diga os seus pecados, minha filha.

Eu levantei os olhos e me dei conta de que precisava ficar em pé para poder falar com ele, pois, ajoelhada, não chegava à altura da janelinha.

— Eu confesso, padre, que, este ano, fiz xixi na cama muitas vezes.

Por entre os furinhos redondos da janelinha vi o padre tapar a boca com a mão e pigarrear.

— Eu confesso, padre, que não fiz a primeira comunhão porque as irmãs não sabem se somos de Deus ou do diabo. Eu confesso, padre, que estou me confessando sem a permissão das freiras.

Ele não aguentou mais e se pôs a rir.

— Você é a menininha dos óculos pretos?

— Sim, senhor.

— Como você se chama?

— Emma.

— Emma de quê?

— Reyes, como os Reis Magos.

— Quantos anos você tem?

— Ninguém sabe, mas digo que tenho mais de dez.

— Fique tranquila, filhinha. Vou falar com a irmã diretora para encontrarmos um jeito de você fazer a primeira comunhão. Vou cuidar disso. E te abençoo.

Quando me levantei, havia três freiras paradas atrás de mim: a sóror Teresa, a sóror María e a sóror Honorina, que tinha acordado. A sóror Teresa me agarrou pelo braço, eu me agarrei ao confessionário, e, sem querer, puxei a cortina roxa. O padre Beltrán viu o que estava acontecendo, pôs a cabeça para fora e, com uma cara muito brava, falou:

— Por favor, irmãs, não castiguem a menina. Ela precisava conversar comigo e fez muito bem de vir ao confessionário. Venham a mim as criancinhas!

As três freiras se derreteram em sorrisos e não disseram mais nada.

O retiro sempre terminava no domingo. Esse dia e o dia do santo da superiora eram nossos únicos dias de festa em todo o ano. As freiras enfeitavam a capela com adornos e toalhas de luxo, punham muitos vasos de flor no altar, iluminavam todos os santos e acendiam duas vezes mais círios que de costume. Quem celebrava a missa de encerramento era o padre Beltrán, que, com os paramentos, ficava ainda mais bonito. Antes da comunhão, ele nos pregava um sermão, preparando-nos para receber a hóstia. Dizia que via uma auréola de pureza sobre nossa cabeça depois do magnífico retiro que tínhamos feito, e esperava que, durante todo o ano, conservássemos nossas almas tão puras como naquele dia. Em seguida, distribuía a comunhão, e todas nós, cheias de fervor, cantávamos o *Te Deum* de agradecimento pelas dádivas que Deus nos concedia. Esse era o único dia do ano em que as freiras tomavam o desjejum com o padre numa sala preparada especialmente para isso. Também era o único dia em que tínhamos permissão para conversar durante o desjejum, que incluía um chocolate bem ralinho, mas que não deixava de ser chocolate. Ganhávamos ainda um pedacinho de queijo e um pãozinho a mais. Que maravilha! Depois de cinco dias sem falar, gritávamos como loucas, agitadíssimas; naturalmente, o principal assunto era tudo que o padre Beltrán, tão lindo, tão belo, nos dissera nas palestras. Ouviam-se risadinhas nervosas nos quatro cantos do refeitório. Tínhamos o domingo inteiro livre, só para nós.

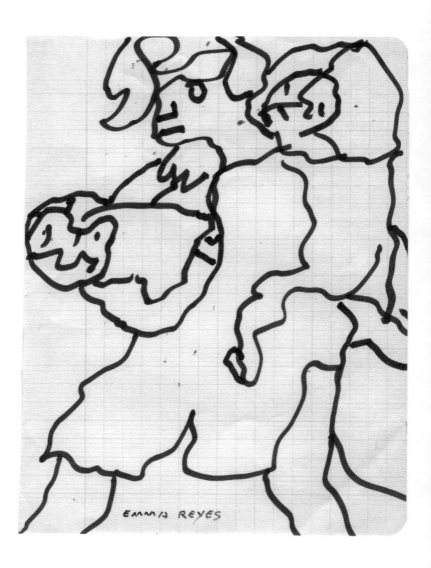

Carta 17

Meu querido Germán:

Cerca de duas semanas depois do encerramento do retiro, a superiora nos reuniu no primeiro pátio, na hora do recreio, para nos apresentar uma freira que acabava de chegar com o cargo de ecônomo, um novo título. Até então, era a diretora que fazia as contas, e a sóror Honorina que se encarregava das compras. A primeira coisa que a diretora disse foi que a sóror Evangelina Ponce de León pertencia a uma das famílias mais ilustres da Colômbia. Que renunciara à riqueza e às honrarias para se dedicar à vida humilde de religiosa. Que devíamos dar graças à Virgem por ter enviado uma religiosa tão ilustre para assumir a triste responsabilidade de se ocupar dos interesses econômicos da nossa humilde casa.

A sóror Evangelina Ponce de León era de estatura mediana, um tanto gorda, pálida como vela de igreja, com a feição voltada para baixo. Os olhos escuros eram caídos nos cantos, o nariz se dobrava para baixo numa espécie de gancho invertido, o lábio fino e apertado se arqueava na direção do chão; apenas o peito enorme e o gordo traseiro se voltavam para cima, como se abrissem passagem e estabelecessem distância entre ela e as outras; toda sua pretensão se refletia nessas duas partes do corpo. Os dentes eram branquíssimos, mas também estavam voltados para baixo, e, quando falava, parecia que ia cuspi-los. As mãos eram duas garras ossudas com dedos muito compridos. Ela falava bem devagar, sempre com a cabeça erguida, olhando para nós do alto. Quando precisava nos tocar para fazer uma observação ou abrir caminho entre as filas ou nas salas de trabalho, usava apenas a ponta do indicador, como quem toca uma coisa suja ou contagiosa. As freiras se dirigiam a nós, em público ou em particular, chamando-nos de "meninas". A sóror Evangelina nos chamava de "mocinhas" e, quando estava brava, de "bugras".

Ela também falou, quando nos foi apresentada: prometeu fazer várias mudanças na comida e na distribuição do trabalho, para podermos ganhar mais dinheiro.

— Não esqueçam que vocês estão aqui por caridade e precisam trabalhar para pagar o que comem. Não pensem que o mundo nos dá de presente a comida que damos para vocês. Temos de pagá-la com dinheiro, e todas nós temos de ganhar esse dinheiro com o trabalho.

Ela ainda anunciou que, no ano seguinte, talvez tivéssemos uniformes novos para as festas.

— Também conversamos com a irmã superiora e achamos que devemos nos ocupar mais da educação de vocês. Todas devem aprender a ler e escrever pelo menos o próprio nome. Também vamos lhes ensinar um pouco de aritmética, porque na vida é preciso saber fazer contas. Geografia... Quantas de vocês sabem o que é geografia? Nenhuma, com certeza. Um dia vão ter de voltar para o mundo, e, no mundo, a geografia é muito importante.

No mês seguinte, nossas aulas começaram. A sóror Evangelina passava meia hora por dia nas salas de trabalho e nos ensinava os números, sem que interrompêssemos nossas tarefas. Primeiro, nos ensinou a contar até vinte; depois, ensinou que um mais um é igual a dois e que dois mais um é igual a três e que três mais um é igual a quatro, e assim por diante, até vinte. Isso se chama somar. Em seguida, aprendemos a multiplicar. Dois vezes dois é igual a quatro, e eu achava que dava na mesma somar ou multiplicar, dava na mesma dizer que dois mais dois é igual a quatro ou que dois vezes dois é igual a quatro. Segunda-feira era dia de aritmética; na terça, repetíamos as letras, de A a Z. Aprendemos que, em espanhol, existem só duas letras duplas: o "ll" e o "rr". Na quarta-feira, tínhamos aula de geografia. A sóror Evangelina adorava geografia. Explicou-nos o que é rio e qual é a diferença entre rio e lagoa, entre lagoa e mar, entre montanha e colina. Disse que toda cidade tem nome, assim como toda pessoa, e nos fez decorar o nome das cidades mais importantes da Colômbia.

Na quinta-feira, lecionava história pátria. Falou-nos de um homem que se chamava Simón Bolívar e era o pai da nossa pátria. Ensinou-nos a cantar um verso sobre Bolívar que dizia: "Há cem anos aquele herói imensamente triste morreu à beira-mar. Bolívar é nosso pai, é nossa pátria, nossa nação". Também nos ensinou a oração que Atanasio Girardot rezou ao subir uma encosta sob fogo inimigo: "Permiti, Senhor, que eu plante esta bandeira no alto daquele monte, e, se é da vossa vontade que eu morra nesta caminhada, feliz hei de morrer". E pá! Uma bala atravessou seu coração e ele caiu morto, envolto na bandeira nacional.

A bandeira nacional se compõe de três tiras de pano: uma amarela, uma azul e uma vermelha. A amarela significa o ouro e as riquezas do nosso solo; a azul, a água dos oceanos que banham o nosso país; e a vermelha, o sangue derramado pelos nossos heróis nos campos de batalha.

Às sextas-feiras, tínhamos aula na hora do recreio, no pátio grande, onde nos agrupávamos em fileiras de dez. Era a aula de ginástica, que nos ajudava a crescer e não ficar raquíticas. Começávamos pelos braços, levantando-os bem alto, cruzando-os, estendendo-os para a frente, dobrando-os sobre o peito, levantando-os de novo, jogando-os rapidamente para trás, estendendo-os de novo para a frente e, por fim, deixando-os pender ao longo do corpo, com as mãos bem abertas. Para acompanhar e coordenar esses exercícios havia uns versos que gritávamos em coro:

— Ânimo, meninas,/ fora, preguiça./ Trabalhando com prazer,/ logo teremos/ força bastante/ para sermos meninas/ dignas de honra.

Infelizmente, nossa cultura acabou aí. A sóror Evangelina adoeceu e nunca mais tivemos aula, nem com ela, nem com ninguém. Na nossa primeira aula de ginástica, ela saiu do claustro seguida pela sóror Honorina, que carregava uma espécie de banqueta de madeira acolchoada e forrada de veludo vermelho. A sóror Evangelina lhe mostrou com o indicador o lugar onde devia colocar a banqueta, na qual subiu, apoiando-se no ombro da sóror Honorina com a ponta dos dedos. Assim, podia não só nos ver até a última fileira, mas também falar com a gente de cima para baixo. Na primeira fileira, como sempre, ficavam as menorzinhas. Eu era a primeira, ao lado das irmãzinhas Santos, que, por sua vez, estavam ao lado das irmãs Teresa e Asunción Vaca, e, ao lado das Vaca, estava Helena. A sóror Evangelina não tirou os olhos dela e, no fim da aula, ergueu a mão lentamente, apontou para ela com o indicador e a mandou se aproximar. Eu a vi sair da fila com a cara de medo das épocas difíceis.

— Aproxime-se, mocinha.

A sóror Evangelina observou sua cabeça do alto e lhe perguntou se estava com piolhos. Helena respondeu que não, mas que a irmãzinha dela estava (e era verdade, pois os piolhos não me davam trégua). A sóror Evangelina apoiou a mão na cabeça de Helena, desceu da banqueta e, com o indicador, ordenou-lhe que pegasse a banqueta e a acompanhasse. Nesse dia, Helena se tornou escrava da sóror Evangelina; tinha de andar o dia todo atrás dela com a banqueta e, no quarto, prestar-lhe todo tipo de serviço, até engraxar seus sapatos, despejar o balde de água suja, levar água limpa, ir mil vezes à cozinha buscar chás e caldos e braseiros para aquecer os pés da sóror. No pátio das flores (que era o da srta. Carmelita) havia três grandes cômodos, onde as freiras guardavam peças de tecido e enfeites da capela. A sóror Evangelina desocupou esses cômodos e ali se instalou. Não seguia o regulamento como as colegas e tinha todos os privilégios, praticamente mais que a superiora, porque a superiora comia no claustro com as outras freiras; só a sóror Honorina nos acompanhava no refeitório. Mas a sóror Evangelina geralmente comia sozinha no seu apartamento; Helena levava sua refeição. Nos primeiros meses, os meses das aulas, Helena continuou dormindo no dormitório do Menino Jesus, que era o mesmo que o meu. Quando a sóror Evangelina adoeceu, mandou Helena levar o colchão para o quarto dela e dormir no chão, ao lado da sua cama, para poder chamá-la a qualquer hora e lhe pedir um remédio, um copo de água ou o que mais precisasse. Domingo à tarde, quando as amigas e os parentes iam visitá-la, ela dispensava Helena, liberando-a para ficar conosco logo depois do almoço.

Helena nos dizia que a sóror Evangelina era muito boa, que dividia com ela sua ótima comida, que já tinha feito duas camisolas novas para ela e que todo dia lhe dava aulas. Helena já sabia contar até mil e aprendera a tabuada até a de dez. Também aprendera a ler perfeitamente e tinha de ler a vida dos santos ou a paixão de Cristo. Um dia, contou que estavam lendo a história de uma santa muito jovem e muito bonita, cujos olhos foram arrancados com colheres e cujos seios foram cortados, postos num grande prato de prata e oferecidos a um homem muito rico e poderoso; mas, à noite, os anjos desceram do céu e levaram a santa para o paraíso. O homem rico, que era muito malvado, ficou cego por castigo de Deus. Outra vez, nos contou que ganhara um livro com muitas histórias, chamado *Leitor colombiano*, mas explicou que, quando saía para ficar com a gente, não podia levar nada.

Em maio, no dia da festa da Virgem, as irmãzinhas Santos fizeram a primeira comunhão; usaram vestidos brancos, compridos, muito lindos, que não sei de onde saíram, e véus transparentes, presos na cabeça por umas grinaldas de florzinhas azuis e cor-de-rosa. Como eram loiras de olhos claros, estavam belíssimas; e, como as deixaram ficar com os vestidos o dia inteiro, iam de uma sala a outra para que as admirássemos. Eu as olhava e as tocava com uma inveja danada, vendo-as como os anjos que estavam com Deus no céu.

Um dia, Helena foi me buscar na oficina de costura porque a superiora queria falar conosco. Fomos ao escritório dela, e ela nos deu a chave do dormitório para que puséssemos a bata de ir à missa, lavássemos os pés, o rosto e as mãos e nos penteássemos. Quando Helena estava fazendo tranças em mim, a sóror Evangelina entrou, mandou eu tirar aqueles óculos pretos horrorosos, informou que íamos ver o bispo e avisou que, ao nos aproximar dele, devíamos nos ajoelhar e beijar sua mão.

O bispo nos esperava, junto com a superiora, na mesma sala onde estivemos quando chegamos ao convento. Ao me ajoelhar, percebi que a sotaina e as meias do bispo eram vermelhas e desatei a chorar; ninguém entendeu o motivo da minha choradeira. O bispo tentou pôr a mão em mim e eu me encostei na parede. A diretora contou que uns índios tinham nos abandonado na estação de trem e que outras freiras e um padre tinham nos recolhido e nos levado para elas. Nada se sabia sobre a nossa família e, o mais grave, não se sabia se havíamos sido batizadas ou não. Conversaram durante muito tempo, até aparecerem as outras freiras, todas muito agitadas. Ao me ver chorar, a sóror Carmelita se aproximou e perguntou por que eu estava chorando.

— Porque vão me dar para o diabo.

— Que diabo?

— Ele...

E apontei o dedo para o bispo. Todas ficaram mudas, e o bispo delicadamente me perguntou por que eu pensava que ele era o diabo.

— Porque eu conheço o diabo pela roupa vermelha.

Todas se puseram a rir, com exceção de Helena, que me deu um tapa na boca. Ela já sabia o que "bispo" queria dizer.

Levaram-nos para a capela, onde ele nos crismou e deu uma medalha de prata com a imagem da Virgem para cada uma de nós. Depois, entregou um dinheiro à sóror Evangelina, recomendando-lhe que comprasse o que precisássemos. Ela comprou um tecido branco para fazer calcinhas para nós e um corpinho para Helena, porque já estavam crescendo seus seios e não os apertar era imoral.

Foi ela que se encarregou de nos preparar para a primeira comunhão. Todo dia, depois das onze, Helena ia me buscar para irmos aos aposentos da sóror Evangelina. Ela sentava numa poltrona de cetim verde-escuro, e Helena colocava sob seus pés a banqueta de veludo vermelho. Nós duas nos sentávamos no chão, Helena mais perto dela do que eu.

Foi nessa época que me dei conta da grande afeição que a sóror Evangelina sentia por Helena. Fazia-a trabalhar como criada, mas lhe queria bem; acariciava sua cabeça o tempo todo e achava maravilhoso tudo o que ela dizia ou fazia.

Eu morria de tédio nas aulas de catecismo, com todas aquelas explicações sobre os sacramentos, os mandamentos e os pecados (de novo) e sobre a presença do corpo e do sangue de Cristo na hóstia. Eu não entendia a maior parte dessas explicações. Helena já podia ler e estudar o catecismo, mas eu tinha de aprender tudo de cor, e, como me entediava e me distraía, não conseguia me lembrar de nada.

Helena tinha uma memória prodigiosa e uma facilidade extraordinária para aprender. A sóror Evangelina dizia que ela era a menina mais inteligente e mais bonita do convento. Por causa dessa superioridade de Helena, acabei desenvolvendo um verdadeiro complexo. Eu detestava aprender o que quer que fosse; só gostava de inventar histórias, imaginar coisas. Em lugar do catecismo e da aritmética, gostaria mais que me deixassem tocar piano e harmônio e subir nas árvores do quintal; preferia pensar nas histórias de Tarrarrurra a pensar nas da História Sagrada. De bordar eu gostava, porque podia inventar novos pontos e novas maneiras de aplicá-los. Por isso, me tornei a favorita da sóror Carmelita, que dizia que eu seria a única capaz de substituí-la mais tarde. Não sei se falava sério, mas o destino quis que assim fosse, pois a coitada ficou praticamente cega.

Voltando à primeira comunhão, a sóror Evangelina não aguentava mais minha burrice e não escondia que realmente me detestava. Um dia, declarou:

— Não suporto mais você. Não venha mais. Detesto gente feia e burra, e você é as duas coisas.

Foi a sóror María Ramírez que se encarregou de me preparar para a primeira comunhão. Helena continuou a preparação com a sóror Evangelina.

Se você me perguntar quem foi o primeiro amor da minha vida, tenho de confessar que foi a sóror María. Um amor estranho, como se ela fosse minha mãe, meu pai, meus irmãos e meu namorado. Ela reunia em si todos os tipos de amor e todos os matizes da ternura. Alta e magra, de movimentos ágeis e elegantes, tinha a pele bronzeada e olhos escuros penetrantes e, ao mesmo tempo, um pouco tristes. Todas as suas feições eram perfeitas, equilibradas, mas não eram nem femininas, nem masculinas; eu diria que não tinham sexo. Eram beleza e equilíbrio perfeitos, acima do gênero. Às vezes, ela parecia um pouco dura ou masculina; às vezes, era de uma ternura e de uma doçura extraordinárias. Não devia ser muito inteligente nem muito instruída; o fato de dirigir a sala de passar roupa demonstrava seu nível cultural. Além disso, ela me contou que vinha de uma família muito pobre, era a décima terceira de dezoito filhos. Nascera num vilarejo perto de Cali. Como eu ficava na oficina de bordado, a oficina das privilegiadas, quase nunca a via. Ela dormia no nosso dormitório, mas, a não ser nas orações da manhã, eu não tinha nada para fazer com ela.

Só quando estava me preparando para a comunhão foi que comecei a gostar dela. Toda tarde eu descia até a sala de passar roupa para caminharmos juntas pelos pátios e pelo quintal, ela segurando minha mão, e eu pendurada na sua cintura. Não é que eu aprendia mais do que com a sóror Evangelina; porém, como ela falava de um jeito mais simples e como eu sentia que gostava de mim, tudo parecia mais fácil e mais claro.

A preparação durou dois meses, e todo dia a sóror María me dava alguma coisa que trazia escondida no bolso: uma bala, uma fruta, a imagem de um santo... Eu lhe dava as florzinhas que roubava no quintal e lhe pedia que as guardasse no bolso para se lembrar de mim quando não estivéssemos juntas. Atrás de uma porta ou num lugar onde tinha certeza de que ninguém nos veria, ela me abraçava com força e cobria meu rosto de beijos, e eu beijava seus olhos e a ponta de cada dedo dela. Quando a via atravessar um pátio ou uma sala, ou simplesmente entrar na capela ou passar para comungar durante a missa, meu coração se sobressaltava e eu parava de respirar. Quando não a via, eu conversava mentalmente com ela o tempo todo e inventava histórias para lhe contar. Ela foi a única pessoa que disse que eu era muito inteligente durante minha infância; naturalmente, não acreditei, pois, para mim, a única inteligente era Helena.

A diretora decidiu que a melhor data para nossa primeira comunhão seria a noite de Natal, durante a missa do galo, na mesma hora em que o Menino Jesus nasceu. Eu pedi à sóror María que nos ajudasse a conseguir uns vestidos brancos como os das irmãzinhas Santos, porque não queria comungar pela primeira vez sem vestido branco. Ela ficou muito triste e falou que não podia fazer nada, que só a diretora e a sóror Evangelina poderiam ajudar. Nesse dia, percebi com clareza que no convento — assim como no mundo, como constatei mais tarde — a humanidade se divide em classes sociais, e o poder é exclusivo das classes privilegiadas. A sóror María Ramírez nunca poderia levar a vida que a sóror Evangelina levava. Não sabia o que ocorria entre a sóror Evangelina, a srta. Carmelita e a diretora tanto quanto nós. Assim como a sóror Honorina, a sóror Inés e a sóror Teresa, a sóror María era simplesmente escrava das outras, e a cada dia isso se tornava mais evidente para mim. Aquelas três mulheres representavam a aristocracia; e nós, o resto, éramos a ralé.

Fazia muitos dias que eu não via Helena, mas, como era a época de enviar os ramalhetes e as cartas ao Menino Jesus com nossos pedidos de Natal, resolvi procurar a srta. Carmelita para que escrevesse uma cartinha a Ele pedindo os vestidos. Ela me atendeu sem comentários. Fui até a capela pela escada das freiras (que era proibida para nós) e depositei a carta para o Menino Jesus junto ao altar. Quando me virei, avistei a diretora rezando no genuflexório. Ela olhou para mim e não falou nada; eu saí correndo.

144

Os dias se passavam, o Natal se aproximava, e o Menino Jesus não nos mandava os vestidos. Três dias antes, o padre Beltrán foi ouvir nossas confissões. Eu contei que tinha escrito ao Menino Jesus pedindo um vestido branco, e que só faltavam três dias e os vestidos nunca chegavam, e não queria fazer a comunhão sem vestido. Ele ficou furioso e falou que eu estava pecando por vaidade, que devia me arrepender e não pensar mais nisso, que só precisava ter a alma branca, não o vestido. Na manhã de Natal, o padre Beltrán apareceu novamente para tomar nossa última confissão e nos preparar para a comunhão. Eu estava triste e mal-humorada, acho que nem escutei o que ele disse. Às seis da tarde, a sóror Teresa foi me buscar para irmos à lavanderia, onde havia um tanque enorme, de quinze metros de comprimento por dois de largura, cercado de tábuas de lavar roupa. Ninguém estava lavando àquela hora. A sóror Evangelina entrou com Helena. Recebemos ordem de nos despir e pôr uma camisa de banho comprida e cinzenta. A sóror Evangelina lavou a cabeça de Helena, e a sóror Teresa lavou a minha. Mandaram-nos esfregar os pés, o rosto, os braços e as pernas com uma bucha e depois nos jogaram baldes de água gelada. Pensei que ia morrer de frio; nem conseguia respirar. Secaram bem nosso cabelo e nos levaram para o dormitório, onde tivemos de deitar sem comer nada. Explicaram que, como íamos comungar à meia-noite, só poderíamos comer depois da missa do galo; e avisaram que nos acordariam às onze. Trancaram o dormitório e foram embora. Comecei a chorar por causa do vestido, e Helena falou que eu era burra, que menina pobre não fazia a primeira comunhão de vestido branco.

— E as Santos? As Santos são ricas?

— Não, mas são protegidas de ricos.

Eu me virei para o lado e adormeci.

Às onze horas, a sóror Teresa nos acordou. As outras meninas que estavam no pátio, esperando a hora da missa, não paravam de gritar. Eu estava morrendo de sono. Vestimos as batas de missa e saímos. A sóror Evangelina nos esperava no corredor.

— Venham comigo — ordenou, pegando a mão de Helena. Eu as segui e, chegando ao aposento da sóror, vi em cima da cama dois vestidos brancos maravilhosos, muito mais bonitos e luxuosos que os das Santos. Lágrimas de felicidade encheram meus olhos.

— São das minhas sobrinhas e elas os emprestaram para vocês. Por favor, não os estraguem nem os manchem.

A sóror Teresa entrou correndo e as duas começaram a nos arrumar. A sóror Teresa não parava de elogiar a beleza dos vestidos; as grinaldas eram de flores e pérolas reluzentes. Quando foram nos calçar, caí na risada: eram os primeiros sapatos que eu punha na vida e ficaram enormes, enquanto os de Helena ficaram pequenos demais; a coitada andava toda torta, e eu arrastava os pés para os sapatos não saírem. Quando terminaram de nos arrumar, o sino tocou, chamando para a missa. Subimos para a capela pela escada das freiras e entramos pela porta onde a srta. Carmelita assistia à celebração. Ao nos ver, ela nos chamou e falou que os vestidos eram lindíssimos. No centro da capela, perto do altar, haviam colocado dois genuflexórios para nós. Quando entramos, ouvimos todas as meninas exclamarem "Oh!", porém, ao fazer a genuflexão, perdi um sapato e todas se puseram a rir, e eu também.

A missa começou à meia-noite em ponto. O padre Beltrán levantou o véu que cobria o Menino Jesus, que estava deitado num berço de cetim cor-de-rosa em meio a nuvens de algodão. A capela estava toda iluminada e repleta de flores. A diretora levantou, aproximou-se e nos mandou ajoelhar bem no centro da mesa de comunhão. Eu estava emocionadíssima e acho que, nesse momento, realmente amava o Menino Jesus que ia receber através da hóstia. Durante a missa, cantamos músicas populares de Natal, e a diretora tocou o harmônio lindamente.

Terminada a missa, nos levantamos para sair pela porta das nossas colegas, porém a sóror Evangelina nos deteve e nos fez sair pela mesma porta pela qual tínhamos entrado e descer a escada privativa. Levou-nos para o seu apartamento, mandou-nos tirar os vestidos e os sapatos, pôr as nossas batas velhas e ir para o refeitório comer alguma coisa com as outras. Só comi minhas próprias lágrimas.

Feliz Páscoa.

Emma

Carta 18

Faltavam seis meses para a festa de são Pedro, e, como fazia anualmente, a madre superiora reuniu as freiras para decidirem qual presente enviariam ao papa no dia do seu santo. Todas concordaram em bordar uma alva para ele. Alva é uma espécie de camisola comprida que o sacerdote veste por baixo da casula para rezar a missa. O tecido que escolheram foi um linho finíssimo, branco como uma nuvem.

A sóror Carmelita passou mais de um mês criando o desenho. O motivo principal eram espigas de trigo, cachos de uva e, na frente, bem no meio, um grande cálice do qual saía uma hóstia com raios. Uma pomba de asas abertas pousava sobre os raios, representando o Espírito Santo. A parte de baixo terminava com um crivo em forma de renda e uma barra de frivolité feita em crochê. As mangas também eram bordadas até o cotovelo. Em torno do pescoço e nos ombros havia uma riqueza de detalhes extraordinária. Acho que a madre superiora não exagerou quando afirmou que aquela seria a alva mais linda do mundo.

Foi uma época de muito trabalho. A turca, nossa melhor cliente, havia encomendado três toalhas de linho para uma mesa de quarenta pessoas. Cada guardanapo media um metro por um metro. Cada toalha tinha quarenta cestas bordadas: cheias de flores na primeira toalha, de frutas na segunda e de pássaros e borboletas voando sobre violetas na terceira. Uma guirlanda com laços de fita contornava todas as toalhas. No centro de cada uma delas, também nas cestas, havia o imenso monograma M. G. R.

A oficina de bordado estava repleta de bastidores presos uns aos outros. Quando uma de nós precisava ir ao banheiro ou lavar as mãos, tinha de sair engatinhando por entre as pernas das colegas. Todas as meninas com capacidade para bordar — bem ou mal — estavam ocupadas com as toalhas ou com os guardanapos da turca. Nosso expediente começou a durar uma hora a mais, que fora tirada dos nossos recreios. Em cada bastidor ficava uma grande bordadeira que orientava as outras e era responsável pelo material de trabalho. Cabia a ela controlar a limpeza das mãos para que nenhuma menina sujasse o tecido ou as linhas com o suor. Algumas meninas suavam tanto que a agulha chiava toda vez que atravessava o tecido; para esses casos havia uma parede com cal fresca para esfregarmos as mãos molhadas perto da pia, e o resultado era fantástico.

O mais difícil de evitar era que, durante o trabalho, não enfiassem o dedo no nariz nem nas orelhas, não coçassem a cabeça, não tocassem os pés, não pusessem as mãos nos bolsos sujos. Essa disciplina era mais difícil para as principiantes. Elvira Cubillos, por exemplo, era uma ótima bordadeira e rápida como uma máquina de costura, mas tinha o defeito de babar em cima do bordado. Tínhamos de enrolar uma toalha em torno da boca e do pescoço dela, o que a impedia de falar. No fim do dia, dava para torcer a toalha. Para as que soltavam ranho pelo nariz o problema era pior, porque a todo instante precisavam enxugar o nariz na manga da bata.

A madre superiora e a sóror Carmelita me escolheram para fazer a alva para o papa. A única qualidade que as freiras viram em mim sempre fora a de ser a melhor bordadeira, talvez porque haviam me formado desde pequenininha. Não só conhecia todas as manhas de cada tecido e de cada tipo de bordado, como também sabia usar as linhas de acordo com sua maleabilidade. Além disso, era a única que tinha o dom natural do desenho, o que significa que não o deformava no momento de bordar, mas, ao contrário, o aperfeiçoava, e essa qualidade dava à madre e à sóror a segurança para não ficarem me controlando o tempo todo e a certeza de que meu trabalho seria praticamente perfeito.

A turca pagava muito bem e fazia muitas encomendas, mas a alva para o papa era mais importante do que tudo e, portanto, tinha de ser confiada às melhores mãos. Também representava uma espécie de prêmio e honraria. Trabalhar para o papa era praticamente garantir um lugar no céu, e a conduta das que trabalhavam a cada ano para ele não podia ser a mesma que ao trabalhar para a turca, que, segundo as freiras, era ateia. Diariamente, antes de começar a cuidar das encomendas da turca, tínhamos de rezar muito para que Deus a iluminasse e lhe concedesse a luz da fé cristã.

Já sabia o que me esperava: qualquer falta que eu cometesse, teria de ouvir que era indigna de trabalhar para o papa, que era uma pecadora, que não podia tocar uma coisa que o papa ia usar no próprio corpo. O papa era a encarnação de Cristo na terra. Tudo que se referia a ele era sagrado, assim como a hóstia da comunhão era sagrada. Já sabíamos de cor esse discurso, o que não nos impedia de ouvi-lo novamente, todo ano, na mesma data.

A sóror Carmelita tinha desenhado a alva inteira na peça de linho. Com a ajuda dela, armamos o enorme bastidor, que instalamos no fundo da sala, onde não havia o trânsito das outras meninas. Ficava lá não só para evitar acidentes, mas também para frisar que não se tratava de um trabalho como qualquer outro. Ao redor desse bastidor só podiam passar as freiras e as bordadeiras envolvidas. A sóror Carmelita decalcou o risco da parte de baixo da alva, que era o mais importante, e eu decalquei o risco das mangas, dos ombros e do pescoço. Cobrimos todo o tecido com papel de seda e fomos enrolando-o nas hastes até deixar uma faixa de um metro de largura livre; e depois ajustamos o bastidor. Cobrimos tudo com dois lençóis, deixando descoberto apenas um pedaço de vinte centímetros onde aparecia a primeira parte do desenho. Preparei as linhas de acordo com a espessura, as agulhas, as tesouras, os furadores e o papel, que servia para dar brilho ao bordado. Quando tudo estava pronto, a sóror Carmelita chamou a madre superiora, que, munida do balde de prata que continha a água benta da capela, abençoou o bastidor e, enquanto rezávamos dez pais-nossos pela saúde e pela vida do papa, borrifou água benta em torno do bastidor. Depois, mandou que eu me ajoelhasse e me abençoou, autorizando, com esse ritual, o início do trabalho.

Durante dois meses, reinei sozinha no meu grande bastidor. Esse período coincidiu com uma crise mística por causa do meu amor pela sóror María. Nunca amei Jesus tanto quanto nessa época. Eu o amava pequenino, recém-nascido; amava-o ajudando são José na carpintaria; amava-o falando com os discípulos; amava-o na cruz, na ressurreição e no céu. Ao me aproximar do altar para receber a comunhão, tremia de tanto amor. Durante a missa, fitava o Sagrado Coração nos olhos, e em várias ocasiões tive a impressão de que seus lábios se moviam ou de que ele sorria para mim. Um dia, quando o padre foi ouvir nossas confissões, ajoelhei-me diante do altar e, meticulosamente, procurei todos os meus pecados no mais profundo do meu ser, com medo de esquecer algum. Sempre fitando os olhos do Sagrado Coração, supliquei que me perdoasse e me ajudasse a me tornar uma pessoa melhor para poder ficar mais perto dele. As lágrimas escorriam pelo meu rosto. Eu me sentia tão pecadora: mais uma vez, havia mentido; mais uma vez, havia odiado a sóror Teresa; mais uma vez, havia brigado no recreio porque queriam tirar a bola de mim; mais uma vez, havia mostrado a língua para a sóror Inés porque não me deixou subir na árvore. Queria tanto ser uma boa pessoa que pensei que talvez fosse mais fácil sendo freira, talvez pudesse alcançar a santidade, como santa Teresa. Num minuto, tomei a decisão. Sim, eu me tornaria freira. Fui ao confessionário, desfiei meus pecados e, depois de receber a penitência, comuniquei ao padre o que tinha decidido e lhe perguntei se me ajudaria, pois eu sabia que, para ser freira, era preciso levar um dote e eu não tinha dinheiro.

O padre Beltrán deu um pulo como se uma cobra o tivesse picado, tossiu, esfregou o nariz, coçou o interior da orelha com o dedo mindinho e, aproximando bem a cara da janelinha do confessionário, ordenou:

— Creio, minha filha, que você deve tirar essa ideia da cabeça. Sou eu que estou lhe mandando. Não pense mais nisso.

— Mas, padre, tudo o que quero é ser freira, eu sei disso. É porque não tenho dinheiro?

— Não, filha, não é por causa do dinheiro. É que, para ser freira, você precisa ter pai e mãe, e precisa ter certeza de que nasceu numa família cristã.

— Padre, uma menina me falou que a gente não nasce que nem flor, saindo de debaixo da terra. Ela falou para eu nunca mais dizer que não tinha pai nem mãe, porque ninguém consegue nascer sem pai e sem mãe.

O padre enfiou o dedo indicador numa das narinas.

— Sua amiga tem razão, filha. Todos nós temos pai e mãe, mas, se você não sabe quem eles são, é como se tivesse nascido que nem a flor, de debaixo da terra; e quem nasce assim não pode entrar para a vida religiosa. Reze muito, filha, e não pense mais nisso. Você pode servir a Deus sem ser freira.

— Mas eu quero ser freira.

— Filha, a gente não faz o que quer, mas o que Deus quer.

— Então, foi Ele que quis que eu nascesse em pecado? Que eu não pudesse ser freira?

Ele fingiu que não escutou e me deu a bênção. Naquela mesma noite, conversei com a sóror María na hora do recreio. Ela disse que o padre tinha razão, e prometeu rezar por mim. Mas não queria acreditar em nenhum dos dois. Enquanto trabalhava, pensava que, se soubesse escrever, poderia escrever uma carta para o papa e escondê-la numa das mangas para que ele a encontrasse quando fosse vestir a alva. Mentalmente, escrevia para ele o dia inteiro, contando-lhe a história da minha vida, falando-lhe do Menino, de Eduardo, da sra. María, da minha irmãzinha e informando-lhe que as freiras eram malvadas, nos batiam e nos faziam passar fome — com exceção da sóror María, a única que era um anjo. Às vezes, imaginava que o papa tinha recebido a minha carta e me punha a pensar nas respostas que me enviaria. Outras vezes, pensava que o papa viria ao convento e comunicaria à madre superiora que queria falar comigo, e imaginava a cara de surpresa de todas as freiras. Mas isso era apenas um sonho; eu sabia muito bem que o papa, assim como nós, estava trancado num convento e não podia sair para o mundo. Assim se passaram dias e meses, e minha cabeça foi se cansando de pensar. Pouco a pouco fui esquecendo a vontade de ser freira, como me pedira o padre Beltrán, e também fui esquecendo minha paixão por Jesus.

Um dia, a superiora foi fiscalizar os trabalhos e constatou que eu sozinha não conseguiria terminar a alva, pois o tecido era muito fino e o bordado era minucioso demais. Depois de conversar durante muito tempo com a sóror Carmelita, ela determinou que cinco das boas bordadeiras ocupadas com as encomendas da turca me ajudariam na alva e que o trabalho se estenderia noite adentro. Isso foi uma grande festa para nós, pois o trabalho noturno representava mil e um privilégios. Primeiro, só tínhamos de ir à missa aos domingos. Comíamos sozinhas numa salinha ao lado da oficina de costura, e ganhávamos mais comida com carne e dois copos de leite todos os dias. O ápice da felicidade, porém, era o chocolate com pão que tomávamos à meia-noite, antes de dormir. Só nos davam chocolate uma vez por ano, no retiro no dia do santo da superiora, ou no caso excepcional quando trabalhávamos à noite por conta de uma tarefa urgente.

Para completar minha felicidade, a sóror María recebeu a incumbência de cuidar de nós durante a noite. Acho que foram os dias mais felizes de todos os meus anos no convento. Eu estava tão feliz que virei palhaça; não lembro o que dizia ou fazia, mas lembro que as minhas colegas e a sóror María choravam de rir. À noite, não podiam exigir que trabalhássemos sem falar como de dia. Afinal, acordávamos às cinco e meia da manhã e bordávamos durante dezoito horas; se não falássemos, acabaríamos caindo de sono sobre o bastidor como moscas mortas. Mas uma noite, por azar, fizemos barulho demais. Ester subiu numa cadeira e se pôs a imitar as freiras e o padre Bacaus rezando a missa; de repente, o assento quebrou e ela caiu, arrastando consigo os fios das lâmpadas que iluminavam o bastidor. Naturalmente, todo mundo viu o desastre na manhã seguinte: todas as lâmpadas estavam em pedaços. A superiora nos chamou aos aposentos dela uma a uma, e duas das minhas colegas resolveram jogar toda a culpa em mim. Foram as irmãzinhas Santos, que me odiavam porque bati nelas quando me roubaram uma banana e um pão que Ester tinha me dado porque eu estava com dor de barriga. Consegui agarrar as duas pelo pescoço e pressioná-las contra a parede até fazê-las vomitar o pão e a banana. Foi uma façanha e tanto, porque eu era menor que elas, mas as peguei de surpresa, quando estavam sentadas no chão. A diretora me castigou pelas lâmpadas quebradas, determinando que eu trabalharia só durante o dia e que teria de ir para o dormitório junto com as outras. A sóror Trinidad era a encarregada do dormitório de santa Teresinha. Enquanto nos despíamos, rezávamos em voz alta, pedindo a Deus que tivesse piedade de nós e que não nos tirasse a vida durante o sono, mas, se a tirasse, que nos perdoasse e não nos fechasse para fora das portas do céu.

Enquanto isso, a sóror Trinidad ficava andando de um lado para o outro fitando o chão para não correr o risco de pecar se, por azar, nossa camisola escorregasse pelos ombros e lhe permitisse ver uma parte do nosso corpo. Depois que nos deitávamos, ela trancava as portas e ia dormir no canto dela, tomando o cuidado de guardar as chaves debaixo do travesseiro para que não as roubássemos durante a noite. Eu sabia disso e, obviamente, nem sonhava em pôr as mãos naquelas chaves. Minha cama ficava em frente a uma porta de vidro que, evidentemente, estava fechada com vinte cadeados. Essa porta dava para o corredor onde a superiora nos desejava boa-noite e onde ficava o grande relógio de pêndulo que batia como o coração de uma vaca afobada. Nunca abriam essa porta, mas os vidros eram presos por uma infinidade de pregos tão finos que pareciam alfinetes. Esperei muito tempo até ninguém mais se mexer embaixo das cobertas. Então, sem tirar a cabeça do travesseiro, vesti a bata por cima da camisola, deslizei até o chão e me arrastei por baixo da cama até a janela. Quase sem respirar, comecei a tirar os pregos com minha tesoura, um a um, até soltar o vidro. O vão não era muito grande, mas consegui passar por ele contorcendo-me como uma minhoca. As batidas do meu coração eram praticamente tão altas quanto o tique-taque do relógio.

Atravessei os dois pátios a toda velocidade e surgi como uma aparição na porta da oficina de costura. A sóror María, que, como de hábito, estava remendando as meias das freiras, ficou branca como a alva do papa. As meninas morreram de rir; até as Santos se divertiram com minha audácia.

A sóror María tentou me repreender, mas, como seu amor por mim falou mais alto, só me fez prometer que nunca mais faria isso. Vi tristeza nos seus olhos; sabia que o castigo também lhe doía. Tive vontade de me jogar nos seus braços, beijar seu rosto, seus olhos, sua boca, dizer que eu também estava sofrendo e que a amava mais do que se fosse minha mãe e minha irmã juntas. Em momentos como esse, eu a amava loucamente. Ajoelhei diante dela e beijei suas mãos; ela me picou de leve a ponta da agulha que tinha na mão. Eu pedi para ela abaixar a cabeça e cochichei que, por amor a ela, ia voltar para o dormitório.

— Não, não — foi a sua resposta. — Vou até o claustro fazer chocolate. Venha comigo, e depois vá se deitar. Vou fazer chocolate para você também.

Quando estávamos descendo a escada, a sóror María pôs o braço nos meus ombros e eu a abracei pela cintura. Nesse instante, me dei conta do tamanho dela. Pensei numa foto amarela e suja que Inés Rozo tinha me mostrado. Na imagem, ela, que nascera num circo, aparecia pendurada na pata de um elefante cujos olhos tinham sido furados com agulha. Segundo me contou, ela mesma enfiou a agulha nos olhos do coitado quando descobriu que a mãe gostava mais do elefante que dela, porque, se gostasse mais dela, era o elefante quem estaria no convento. Em silêncio, atravessamos os dois pátios e a lavanderia e chegamos à porta do claustro. A sóror María se agachou na minha frente, me abraçou e, apertando-me com força contra o peito, beijou todo o meu rosto rapidamente, como se estivesse com muita pressa; só consegui beijar um olho dela.

— Espere aqui. As xícaras e o pão estão prontos, só falta esquentar o chocolate.

Nenhuma menina, grande ou pequena, podia entrar no claustro. Como não conhecíamos esse espaço, inventávamos todo tipo de história sobre ele. Imaginávamos o claustro como imaginávamos o paraíso. Lá estava guardado tudo que representava a felicidade para nós: o pão, as bananas, a rapadura, os presentes de Natal, a roupa que nos davam, e a freira que amávamos, porque cada uma de nós tinha uma favorita, assim como elas também tinham suas preferências. A noite estava escura como uma batina nova, sem uma única estrela. Um vento gelado estufava minha camisola e minha bata, e eu as segurava com as mãos para que não levantassem. O pátio enorme, todo de ladrilhos, estava úmido e gelava meus pés. A sóror Maria estava demorando demais; talvez tivesse precisado acender o fogo. O relógio soou muitas horas, onze ou doze. Uma rajada de vento mais forte que as outras me fez virar a cabeça.

Foi nesse momento que o vi: no fundo do pátio, encostado no muro alto que nos separava do mundo. Imóvel a princípio, logo começou a caminhar lentamente na minha direção, com os braços estendidos. Não tive dúvida sequer por um instante; sabia que era ele, do jeito que a madre superiora o descrevera milhões de vezes. Alto, muito alto, uns olhos enormes que soltavam fogo, o cabelo verde; eram muitos verdes juntos. Os chifres eram maiores do que eu imaginava; os dentes, enormes e brancos, pareciam avançar adiante da boca; as mãos e as unhas eram longuíssimas, e da ponta dos dedos saíam chamas. Ele andava sem pisar no chão, envolto num grande manto de fogo vermelho, violeta e verde; nuvens de fumaça branca e azul pairavam sobre sua cabeça. Eu estava ereta, petrificada; só meus joelhos se mexiam, batendo um no outro. Queria gritar, mas a voz não saía; em vez de palpitar, meu coração galopava como um cavalo, e suor frio escorria debaixo dos meus braços e atrás das minhas orelhas. Meu estômago se converteu em pedra. Ele caminhava sem fazer o menor ruído. Senti um formigamento partir do meu cabelo e descer pelas minhas costas. O tempo que ele demorou para atravessar o pátio me pareceu uma eternidade. Sabia que ele tinha vindo para me levar; o resto aconteceu num segundo. Ele já estava tão perto de mim que eu podia ver os pelos compridos que pendiam dos braços dele. Não sei como soltei o primeiro grito nem como consegui recuperar os movimentos. Não corri. Não, eu voei, sem tocar o chão. Não sei como atravessei os pátios, nem como subi a escada, nem como atravessei o vão da porta de onde havia tirado o vidro.

À direita da minha cama, dormia Dolores Vaca, que eu detestava porque tinha fama de santa. Quando voltei a mim, não estava na minha cama, mas na da Vaca, agarrada ao pescoço dela, berrando:

— Com a Vaca o diabo não me pega! Com a Vaca o diabo não me pega!

Ela lutava desesperadamente para se livrar de mim. Meus gritos não eram bem gritos, mas uivos de um animal ferido. Não houve uma só menina, uma única freira, ou mesmo a porteira, que dormia no extremo oposto do convento, que não acordasse com a gritaria. Foi uma confusão total: as meninas correram para as portas dos dormitórios, passando por cima das camas, pisando e atropelando umas às outras. As freiras saíram das suas camas de camisola; ninguém encontrava as chaves para abrir as portas dos dormitórios. Umas berravam, outras choravam, e todas queriam fugir sem saber o que tinha acontecido. A madre superiora desmaiou; a srta. Carmelita caiu da cama e só foi possível levantá-la na manhã seguinte. Quando, por fim, conseguiram me soltar da Vaca, vi a sóror María diante da janela, cobrindo o rosto com as mãos. Foi ela que correu atrás de mim, não o diabo. Até a hora da missa, o convento ainda não tinha voltado à normalidade. Mas a grande catástrofe só foi descoberta depois do café da manhã.

A alva do papa se reduzira a três buracos enormes, pois, ao tentarem escapar, as meninas passaram por cima do bastidor. A sóror Carmelita chorou, acariciando as bordas dos buracos com a ponta dos dedos, como se esperasse que os rasgos desaparecessem milagrosamente. Às nove horas, o sino do convento tocou uma única vez. Isso significava um chamado urgente da superiora para todas as freiras. A reunião não foi longa; dez minutos depois, a superiora apareceu acompanhada de todas as freiras, exceto a sóror María. Tinha uma expressão severa. Todas nos levantamos, como fazíamos sempre que ela entrava nas salas de trabalho. Quando pronunciou o meu nome, eu estava diante do bastidor da alva.

— Aproxime-se — ela mandou.

Atravessei a sala calmamente. Não poderia agir de outra maneira, já que meu corpo estava trêmulo como linha e, aparentemente, nada me importava, nada. Sabia que ela não estava me chamando para me felicitar. Quando anunciou o meu castigo, achei absolutamente natural. Um mês incomunicável: ninguém, nem as meninas nem as freiras, poderia falar comigo. Um mês de trabalho na cozinha, lavando as panelas e o chão e carregando água. Um mês dormindo sozinha no quarto dos móveis velhos, ao lado do quarto da velha cozinheira. Um mês assistindo à missa de joelhos, no meio da capela, sem poder me sentar. Meu nome foi riscado da lista das filhas de Maria, tomaram minha bata do uniforme, puseram-me uma espécie de camisola comprida e grossa, cor de tristeza, e me deram um cordão para amarrá-la na cintura. Também não podia falar na cozinha, a não ser o que fosse absolutamente indispensável para cumprir minhas tarefas. Como ninguém, nem as meninas nem as freiras, duvidava que o diabo tinha ido me buscar, não lhes custava nada deixar de falar comigo, já que eu representava o pecado e o inferno. No fim do mês, quando saí da cozinha, a sóror María não estava mais no convento. Nunca soubemos para onde a mandaram. A sóror Trinidad disse para uma menina que acreditava que a tinham mandado cuidar dos leprosos em Água de Dios.

Nesse ano, por culpa do diabo, o papa não recebeu nosso presente.

Emma
Paris, 1972.

Carta 19

A Germán Arciniegas:

Um dia, na hora do recreio, a freira que cuidava do jardim contou que, de manhã, tinha visto um ninho de passarinho na Anã (assim chamávamos a árvore mais miudinha e gordinha do jardim). Ela apontou o local onde, ao subir na escada, viu o ninho com quatro ovinhos. Não conhecia ovinhos pequenos e, quando a freira se recolheu à clausura, avisei às minhas amigas que ia subir na árvore. E subi na Anã como um macaco. Enquanto tentava tocar os ovinhos com uma das mãos, me agarrava ao galho com a outra, com tanta força que acabei quebrando-o e caí de cara no chão. O que mais doeu foi minha barriga. Ao redor da Anã havia um pouco de grama com várias florzinhas, mas não foi suficiente para me proteger.

A dor na barriga me atormentou o dia inteiro. Na manhã seguinte, acordei com dores mais fortes e, quando saí da cama, vi, aterrorizada, sangue nos lençóis e nas minhas pernas. Corri para a enfermaria chorando e anunciei:

— Me arrebentei! Caí da Anã e me arrebentei e vou morrer. A enfermeira me mandou subir numa cama velha e me examinou por completo, até os peitos. Eu insistia que o que tinha se arrebentado era na barriga. Quando terminou de me apalpar, ela riu e disse que o que estava acontecendo comigo não era nada, só uma coisa normal em todas as mulheres. Pediu para eu voltar às cinco horas, porque estava muito atarefada. Tirou de um cesto grande uma bola de panos velhos e me falou para colocá-los, um a um, no meio das pernas para absorver o sangue que continuaria saindo.

— Mas não se assuste: isso é normal em todas as meninas.

Na verdade, não entendi nem a metade do que aconteceu depois da queda da Anã, da história do sangue e de tudo que a freira explicou — que isso era normal em todas as meninas e que durava a vida inteira e muitas outras coisas. A única coisa que ficou clara na minha cabeça foi que eu ia passar por aquilo todos os meses, até o fim da vida, e que esse sangue servia para fazer filhos e que eu também tinha nascido do sangue. As histórias do sangue e dos filhos me deixaram doente, tão doente que até me sentia mal. Como não podia falar com ninguém, porque tinha vergonha, e também não queria brincar, corri para a capela, me ajoelhei diante da imagem de Maria Auxiliadora, que chamávamos de Virgem. Ela era linda, parecia sorrir, parecia olhar para mim. Ela não estava sozinha: levava no braço o seu filho, que chamávamos de Menino Jesus. Era meio incômodo pensar que esse Menino tão bonito tinha sido feito com o sangue de Maria. Eu a fitei nos olhos e me pus a lhe contar tudo, sim, tudo o que sabia de mim mesma, e lhe disse que estava muito triste e muito sozinha e queria que ela fosse minha amiga para eu poder lhe contar tudo. Quando me afastei, senti que já a amava muito e resolvi passar com ela todo o meu tempo de recreio. Depois que lhe contei tudo a meu respeito, contei-lhe histórias das minhas amigas e, quando não tinha mais o que contar das meninas, comecei a inventar histórias engraçadas para distraí-la, pois a coitada ficava ali só com o filho praticamente o tempo todo.

Nossa amizade já tinha muitos dias de existência, e minha tristeza e o mal que me afligia continuavam me impedindo de rir e de brincar no recreio como antes. Assim, como não tinha mais nada para contar a ela, decidi pedir que me ajudasse, que me fizesse crescer, porque uma das muitas coisas que eu queria era ser grande como outras meninas, e que consertasse os meus olhos, porque todas as meninas me chamavam de vesga e reviravam os olhos para me imitar e riam, e eu chorava e gostava menos delas. Também pedi a Maria — já tinha tanta intimidade com ela que não a chamava de Senhora nem de Virgem, mas de Maria mesmo — que me encrespasse o cabelo, porque não gostava do meu cabelo liso e não podia fazer um belo penteado, e que me desse o dom de cantar… Mas ela nunca me deu nada do que pedi e, como não abria a boca, acabei deixando-a e voltei a brincar com as minhas amigas.

Já ia me esquecendo: no último dia em que fui visitá-la, falei que queria conhecer todos os animais. As freiras diziam que havia muitos animais enormes no mundo, tão grandes quanto a Anã.

Quando eu era pequena e viajava com a sra. María, conheci vários animais grandes: vacas, touros, cavalos, burros, porcos e cachorros. Mas no convento só via animais pequenininhos. Um gato triste, um galo malvado, duas galinhas idiotas e, os que mais nos davam medo, os ratos, que também eram pequenininhos. Também tínhamos muitos piolhos e pulgas, mas nunca os víamos em grupo, estavam sempre sozinhos…

Carta 20

As freiras e as outras meninas descobriram que eu tinha me tornado amiga de Maria e que gostava muito dela. Acho que foram as freiras que contaram para a madre superiora.

Ela estava me esperando na saída da capela e me levou até seu escritório. Falou muito bem e durante muito tempo de Maria Auxiliadora e de Deus e anunciou que, para ficar mais perto deles, eu passaria a ajudar a sóror Teofilita, sacristã diretora e responsável pela capela.

Primeiro, tive medo, pois pensei que podia se tratar de um castigo, mas, quando a vi tirar uma bala da gaveta, entendi que estava me dando esse trabalho por amor. Ela me avisou que o trabalho era duro e que às vezes se estendia até tarde da noite. Também me comunicou que eu não seria mais obrigada a seguir o regulamento como as outras meninas, e especificou minhas novas obrigações. Ao ouvir isso, senti que, dessa vez, Maria estava realmente me ajudando.

Às cinco horas, a freira sacristã, a sóror Teofilita, me chamou. A primeira coisa que me mostrou na sacristia foram as flores. Nunca tinha visto flores tão lindas; as de debaixo da Anã eram pequenininhas, feias e sem o perfume das grandes. À medida que me mostrava cada uma das flores, a sóror Teofilita me dizia como se chamavam. Explicou que, como nós, elas também tinham nome; cada uma tinha um vestido diferente, e todos eram belíssimos, de várias cores. A pele de cada uma também era diferente, mas devíamos tocá-las com muito cuidado e carinho para não as machucar. Algumas tinham um aroma delicioso; outras apenas cheiravam a campo.

O trabalho era duríssimo: lavar o chão da capela, da sacristia e da saleta por onde o padre entrava para rezar a missa. Todos os dias eu tinha de trocar a água dos vasos e não gostava nada disso. Não sei se essas flores faziam cocô e xixi, mas cheiravam muito mal, e eu tinha de lavar os caules também. Claro que, no caso dos vasos muito grandes, a sóror Teofilita me ajudava. Quando havia festas grandes era um horror, porque púnhamos o dobro de vasos e o dobro de castiçais. Os castiçais de uso diário eram de cobre, mas os para festas eram de prata, e quem tinha de limpá-los, lustrá-los e guardá-los nos armários era eu. O que demorei muito para aprender foi o nome de todas as vestes, capas e camisolas, todas bordadas, e de mais uma infinidade de panos que o padre punha no pescoço, na cintura e nos braços antes de rezar a missa.

Por causa dessas festas, às vezes chegava na minha cama à meia-noite, tão cansada que deitava vestida mesmo. Uma vez a freira encarregada do dormitório me viu e me castigou, mandando eu me ajoelhar por três dias no meio da capela, sozinha, para que todas as outras e o padre vissem que eu era má e desobediente. A verdade é que só dormi assim três vezes, e claro que a superiora não gostou nada, mas sempre me perdoou, embora ameaçasse me tirar o trabalho se a história se repetisse, por eu ser indigna de passar todos os dias junto de Deus e de Maria. Nessa época, não sabia ler nem escrever, e a sóror Teofilita, tão boazinha, me ensinou a ler os nomes das cores nos papéis que me deixava para me informar qual casula eu tinha de preparar e para me dizer se era necessário arrumar as toalhas no altar e na mesa de comunhão.

Na saleta por onde o padre entrava, cada uma de nós, sóror Teofilita e eu, tinha um genuflexório e uma cadeira. Assistíamos à missa de lado, mas, na hora da comunhão, entrávamos na capela até o comungatório para receber a eucaristia. Depois disso, eu conversava um pouquinho com Deus e Maria e saía correndo para a cozinha levando o incensório, balançando-o no ar, enquanto atravessava os quatro pátios enormes, onde estava sozinha e tão feliz que pulava. A velha cozinheira negra que eu amava tanto e beijava se chamava Bolita e era quem acendia o incensório. A sóror Teofilita não acreditava que esse fosse o verdadeiro nome dela; achava que a chamavam assim porque era gorda, cantava o dia inteiro, tinha a voz rouca e os peitos enormes. Mas acredito que ela nasceu para que nós a amássemos como a uma mãe. Também havia uma velha padeira azeda como limão; quando ela fechava a padaria com cadeado e ia para o quarto, nós, com um garfo amarrado numa vassoura, roubávamos o pão que ela punha perto da janela para arejar. Depois da missa, eu tinha de correr novamente até a cozinha para buscar o desjejum do padre. A bandeja era tão pesada que eu mal respirava para não derrubá-la...

O desjejum era tão gostoso, mas tão gostoso, que me dava água na boca, tamanha era minha vontade de sentar e comer tudo. Ovos mexidos, chocolate, suco, vários pãezinhos e biscoitos feitos pelas freiras e guardados em latas tampadas. Às vezes o padre me dava um ou dois desses biscoitinhos, e eu ia correndo comê-los debaixo da escada, para ninguém me ver.

Carta 21

Para Germán Arciniegas:

As chaves da porta grande, que dava acesso ao mundo, ficavam sempre com uma freira velhinha chamada sóror Porteira. Mas, durante a missa, as chaves ficavam com a sóror Teofilita, que, como ficava fora da capela e mais perto da porta, podia abri-la para o leiteiro, a única pessoa que chegava nessa hora. A sóror Teofilita punha as chaves atrás dela, na cadeira onde quase nunca se sentava. Passava o tempo todo com o rosto enterrado entre as mãos, rezando sem parar.

Chamavam o leiteiro de Zarolho. A sóror Teofilita me explicou que o chamavam assim porque ele sempre estava com um olho fechado. Perguntei por que não acordavam esse olho, e ela respondeu que esse olho nasceu dormindo. Quando entregava o leite pela roda, o Zarolho sempre dizia para a sóror Teofilita:

— Sóror Reverência, o leite está quentinho como quando sai da barriga da vaca.

Um dia, contei para a sóror Reverência que, quando eu era

pequenininha, vi uma vaca em Guateque, no mundo. Ela me falou que só tinha visto vaca no presépio do Menino Jesus.

A porta do Zarolho, aquela que dava acesso ao mundo, era muito grossa e, segundo a sóror Porteira, muito pesada. Havia ainda um saguão, antes de se entrar no convento de verdade. Havia mais uma porta, também de madeira, e, no centro, havia uma caixa que girava quando alguém a empurrava e que se chamava roda. Por essa roda chegava tudo o que comíamos; por isso o leite também entrava por lá. Quando eu ia até a cozinha levar o incensório para Bolita acender ou buscar a bandeja com o desjejum do padre, tinha de passar na frente da porta onde ficava a caixa que girava com a comida. Um dia, ouvi umas batidinhas do outro lado. Aproximei-me, morrendo de medo, e perguntei quem era. Ninguém respondeu, e a roda começou a girar bem devagarinho, sem comida nenhuma. Perguntei quem era de novo.

— O leiteiro — foi a resposta.

— Já temos leite — falei.

— Mas sou eu que trago o leite. Se vosmecê quiser, pode me ver no consultório, onde tem uns panos que chamam de cortinas. Fiz um furinho embaixo. Vá até lá e olhe para mim.

Ele tinha feito o furinho raspando a tinta branca que recobria a vidraça pelo lado de fora. Na verdade, o Zarolho me dava medo, mas a vontade de vê-lo era maior, e respondi, dentro da roda, que me esperasse pois ia até lá. Vi o furinho assim que levantei a cortina: ficava na parte de baixo, bem no canto. Espiei por ali e me deparei com o olho dele. Sim, ficamos olho a olho. O dele me agradou muito, era muito bonito, preto, redondinho e brilhante, e o branco era mais branco que os dos olhos das pessoas do convento. Outra coisa que me agradou foi que o olho dele sabia rir, e ria o tempo todo.

Muitas vezes eu parava diante do espelho da sacristia sem nunca conseguir rir com os olhos como ele. Quando avistei a parede da frente em vez do olho e ouvi os passos do Zarolho, ainda esperei um pouco, mas ele não voltou. Ele não trazia o leite no domingo, mas, na segunda-feira, bateu de leve novamente, girou a roda bem devagar e me pediu para ir até o furinho. Continuou me esperando diariamente, e nossos olhos ficavam tão contentes em se ver que dava pena separá-los. Um dia ele anunciou:

— Sou teu noivo.

Repetiu essa frase várias vezes. Noivo. Assim que encontrei a sóror Teofilita, perguntei o que queria dizer "noivo". Ela riu e perguntou quem havia me ensinado essa palavra.

— Não sei. Escutei isso um dia e agora me lembrei.

Percebi que não acreditou pela expressão dela, e, não sei como, lembrei de que a srta. Carmelita, a gordona que morava no pátio das rosas, nos contara que tinha sido abandonada pelo noivo porque engordara demais. A sóror Teofilita riu novamente e me deu um tapinha na bochecha.

Já fazia muito tempo que nossos olhos se encontravam, e, um dia, falei pela roda que queria ver o outro olho, o que vivia dormindo. O olho dele sumiu no mesmo instante e nunca mais se mostrou para mim. Durante muito tempo, passei o dia inteiro pensando no Zarolho, inclusive na hora da missa, e pensando muito também no olho dele, que se tornara amigo do meu. Um dia, parei de pensar em ambos e me pus a pensar no mundo. A lembrança que eu tinha de muito pequena no mundo com a sra. María também havia se apagado. Resolvi pedir a Maria para me curar dessa doença e contei que eu sofria por pensar o tempo todo no Zarolho, ou no olho, ou no mundo. Até lhe ofereci uma novena e a fiz com muita devoção.

Carta 22

Muitas pequenas tarefas me cabiam na capela. Eu tinha não só de preparar toda a roupa do padre, mas também as hóstias e as galhetas, que eram duas jarrinhas de vidro: uma para o vinho e a outra para a água. O vinho se convertia no sangue de Jesus Cristo, que era o Menino Jesus depois de grande. A sóror Teofilita falou que eu não sabia limpar os cantos e que era nos cantos sujos que o diabo morava. Já era tarde, ela foi dormir, e eu fiquei para limpar o canto do vinho, que, na verdade, ainda não tinha limpado. Ali ficava um grande barril enviado pelo papa, aquele que guardava as chaves de são Pedro lá naquele lugar muito, muito longe. Claro que eu estava com muito medo de dar de cara com o diabo, mas a sóror Teofilita tinha dito que ele só levava quem estava em pecado mortal, e esse pecado eu não conhecia. Então comecei a limpeza e tirei a rolha de uma garrafa. Enfiei o dedo, experimentei e gostei. Peguei um copinho e tomei um gole, e depois vários, e me senti como se fosse outra pessoa, até que caí no chão e adormeci. Foi o padre alemão que me acordou: estava ajoelhado ao meu lado e benzia meu corpo inteiro e benzia a si mesmo muitas vezes. Depois, segurou-me pelas duas mãos, levantou-me e, delicadamente, empurrou-me para fora da sacristia. Mas, antes de eu sair, ordenou:

— Não conte a ninguém, nem às meninas, nem às freiras.

Nesse dia, Maria me concedeu um milagre. Nem as meninas, nem as freiras, perceberam que eu não tinha dormido na cama, e precisei me confessar, porque foi o diabo que me fez tomar o vinho.

Mas as freiras guardavam o vinho que tomei em outras jarras, muito lindas, de vidro colorido, com tampa igualmente de vidro, para servi-lo às visitas que consideravam importantes. O vinho que punham nessas jarrinhas eram as sobras que o padre Bacaus deixava. As freiras não pronunciavam o nome dele como nós, mas era muito mais difícil pronunciar como elas. Esse padre era velho, quase careca, sujo, sujíssimo, com uma batina de um preto que eu nunca tinha visto, tão velha que a borda das mangas e da bainha estavam esfiapadas. Ainda por cima, a vestimenta era a mesma de quando ele era menor, porque lhe ficava curta, mostrando suas pernas peludas (ele não usava meias) e seus sapatos esburacados. A superiora nos disse que ele se vestia assim porque era um santo, um verdadeiro santo.

A sóror Teofilita me explicou que o vinho era mandado da casa do papa, que morava muito longe, e explicou que lhe enviávamos esses presentes feitos por todas nós, meninas, para o dia de são Pedro, porque todos os papas se chamam Pedro, pois, assim como a sóror Porteira, eles têm as chaves da Igreja. Por isso o padre tomava o vinho enviado pelo papa. O padre era de um lugar chamado Alemanha. Como ele era santo, tomava apenas três gotinhas de vinho, e deixava o resto na jarrinha, e as freiras o punham nas outras jarrinhas, aquelas que, como lhes disse, também eram de vidro, mas de várias cores.

O padre Bacaus fazia sermões compridíssimos, e não entendíamos nada; mas, como viviam dizendo que ele era um santo, tínhamos de escutá-lo até muitas de nós caírem no sono. Era festa de são João Bosco.* Foi ele que criou a comunidade; as freiras eram filhas dele. Assim como as freiras, ele também se ocupava das crianças pobres e dos cachorros que não tinham família. Esse Bosco já tinha morrido, mas continuava sendo chamado de santo.

A missa tinha dois padres e a cantoria das meninas. Trabalhei durante uma semana. Só Maria sabe tudo que tive de fazer. Lavar todo o chão, limpar os santos da cabeça aos pés, inclusive o Cristo — sempre tinha medo e pena de esfregar as feridas dele, mas a sóror Teofilita dizia que a sujeira se acumulava mais nas feridas. Não sei se o mantinham pregado na cruz porque ele estava tão mal. Também precisei lustrar todos os castiçais, arrumar mais vasos — e dos grandes — e preparar as roupas para os dois padres. As roupas não eram do dia a dia: eram tão bonitas, brilhavam em todo lugar, tinham enfeites de ouro e pesavam mais que as outras. Pesavam tanto que sempre caíam antes de eu conseguir pendurá-las. Todas essas roupas lindas eram só para as festas; e, na hora da bênção, os padres precisavam de ajuda para vestir mais capas. Não conseguia pendurá-las. Nesses dias de festa, tirávamos do armário tudo o que havia de melhor: o cálice mais bonito, as galhetas mais bonitas... Parecia outra capela.

Fazia um mês que toda tarde as meninas que cantavam iam para a capela com a madre superiora, que tocava o harmônio tão lindamente que me deixava triste. Mas ela fazia as meninas repetirem o mesmo canto ou ainda um mesmo trechinho várias

---

* São João Bosco (1815-1888) foi um sacerdote italiano que fundou duas congregações religiosas: a de São Francisco de Sales (em 1859) e a das Filhas de Maria Auxiliadora (em 1872). (N. T.)

174

vezes, e ficava furiosa e gritava que eram um bando de desafinadas. Esqueci de perguntar para a sóror Teofilita o que significava "desafinadas". Nesse dia, freiras e meninas andavam mais rápido, como se estivessem com pressa. A sóror Teofilita, tão boazinha, encontrou um uniforme novinho em folha e o deu para mim, pois o velho não só já estava bem gasto, como tinha ficado curto e muito apertado no peito. Na hora da comunhão, eu e a sóror Teofilita nos levantamos ao mesmo tempo, e as outras me pareceram mais alegres. Olhei para as chaves que a sóror deixava na cadeira e toquei-as muito delicadamente para que não fizessem barulho, mas, quando as toquei, estremeci de frio, e a sóror Teofilita virou e ordenou:

— Vá já levar o incensório.

Saí correndo, muito contente por não ter roubado as chaves.

Depois da missa com os dois padres, mandaram-nos outro padre, porque o santo da Alemanha estava doente. O novo padre era bem jovem; todas as meninas e as freiras falavam que era muito guapo. Todo dia eu escutava "guapo, guapo". Explicaram-me que significava "bonito". O guapo era de um lugar chamado Espanha, e foi esse pessoal da Espanha que nos trouxe Deus, Maria e todos os santos que tínhamos na capela. Ele falava mais claro que o santo velhinho. Quando lhe levava o desjejum, eu dizia, como as freiras tinham me ensinado a dizer sempre que o visse, "Bom dia, reverendo padre", mas ele não respondia nada.

A saleta onde os padres tomavam o desjejum dava para o jardim das rosas, onde a gorda morava. Era uma sala bonita, bem iluminada, e, num dos cantos, tinha uma estátua tão grande que quase tocava o teto; e era de um santo chamado são Cristóvão. Esse santo era meio velho e também tinha um filho, mas não o carregava como Maria carregava o Menino Jesus. São Cristóvão o levava sentado nos ombros e o segurava com um dos braços. Ele parecia apressado, caminhando só com uma das pernas, e empurrando a cabeça para a frente. Uma freira me contou que essa estátua estava ali havia muito tempo porque pesava tanto que não conseguiram transportá-la escada acima. Não gostava desse santo como gostava dos outros, porque ele parecia sempre apressado, e não se pode rezar nem conversar com um santo que está com pressa de ir embora.

Carta 23

Já fazia uma semana que o padre guapo vinha ao convento quando ele recusou o desjejum que tomava todos os dias. Pediu chocolate numa jarra grande, porque queria tomar várias xícaras. Não quis mais as bolachinhas que as freiras faziam e guardavam numas latas lindas. Pediu uma broinha, que era um tipo de pão redondo, pesado e mais escuro que o pão normal. Os ovos ele aceitou, mas pediu que acrescentássemos mais um, porque dois era pouco. Também pediu uma coisa que não conhecíamos: salsicha. Parecia um pedaço de pau feito com carne moída e enfiada num saquinho parecido com a pele que temos no corpo. Como ele não falava comigo nem me dava bolachinhas, eu deixava o desjejum na mesinha e saía, fazendo reverências como Bolita me instruiu.

Era sábado, nosso dia livre para remendar e lavar a nossa própria roupa. O que nunca remendávamos era a bata do uniforme, que tinha de estar sempre como nova. À noite, quando nos despíamos para vestir a camisola, primeiro tínhamos de dobrar a bata perfeitamente, como se a estivéssemos passando a ferro e, bem dobrada, guardá-la com todo o cuidado debaixo do colchão. Como as camas eram de madeira, a bata estava impecável de manhã. Mas a roupa que usávamos por baixo da bata e as camisolas furavam, e era o que remendávamos aos sábados. As mais velhas ajudavam as menorzinhas, claro. O que mais gastávamos era a calcinha, e tínhamos de pedir que nos dessem outra, que não era nova, mas era menos esfarrapada.

Como estava dizendo, sábado era o dia da desordem, tanto para as meninas como para as freiras, porque não seguíamos o regulamento. Quando entrei com o desjejum, o padre estava em pé. Sorridente e gentil, ajudou-me a colocar a bandeja na mesa. Não sei, mas, de repente, ele me abraçou pela cintura, empurrou minha cabeça para trás, beijou minha boca e apertou meus peitos com as duas mãos. Tenho certeza de que foi Maria que me ajudou, porque, não sei como, resolvi enroscar minha perna na mesa e derrubar todo o café da manhã. O barulho que a bandeja fez ao cair foi tão grande que até o padre se assustou e saiu correndo sem comer nada, mas, antes de ir embora, me empurrou com tanta força que bati com a cabeça no são Cristóvão. Só lembro que fui caindo no chão, bem devagar.

Levaram-me para um quartinho vazio onde as meninas não entravam, porque era a entrada da clausura. As freiras, muito boazinhas, iam me visitar e diziam que estavam rezando por mim. Uma delas pingava remédio no galo enorme que ficou na minha cabeça. Quando eu mesma o tocava, chorava de medo. Comecei a melhorar e as freiras passaram a me dar presentinhos: uma florzinha, um santinho, umas balinhas e até uma camisola nova; mas todas, sem exceção, falavam que eu não devia contar nada para as minhas colegas, pois, se contasse, cometeria um pecado e seria castigada.

— Você não esteve doente, não esteve mal — elas me diziam. — Você teve uma diarreia demorada, uma diarreia forte.

Quando voltei para a sacristia, a sóror Teofilita não havia me trocado por outra menina; ao contrário: pela primeira vez foi muito carinhosa e se mostrou contente com a minha volta. Porém, me comunicou que eu não levaria mais o desjejum para o padre, a quem nunca mais vi, porque nos mandaram outro.

Vários dias se passaram e eu continuava mal, mal de tudo, e comecei a achar que agora era grave. Tudo relacionado ao convento — as freiras, os padres, Maria e o Menino Jesus — me fazia sofrer, e não queria mais ver nada disso. Eu via minhas colegas como se estivessem desbotadas e, já que não podia falar com ninguém, achei que não gostava mais delas. Sabia que não tinham me feito mal nenhum, mas me obrigavam a pensar no acontecido.

Sóror Teofilita, muito boazinha, me informou que teríamos outro padre, falou muito sobre ele e me assegurou que esse era um santo de verdade. Foi a primeira vez que me ocorreu perguntar o que queria dizer um santo. Ela respondeu que era alguém que, quando morresse, iria direto para o céu... Não sei como era o novo padre, não olhei para ele, só olhava, meio de lado, para as chaves que ficavam na cadeira da sóror Teofilita. Tocaram para entregar o leite, e ela correu para abrir a porta. Sem que eu lhe dissesse nada, cochichou no meu ouvido:

— O Zarolho não vem mais trazer o leite.

Na hora da comunhão, levantamos ao mesmo tempo, como de costume, e cobrimos o rosto com as mãos, como sempre, para poder falar com Deus. Não falei com Deus nem com Maria; só pedi a são Cristóvão que me carregasse no ombro. Levantei a cabeça, estendi o braço por trás da sóror Teofilita e, bem devagar, com a mão aberta, peguei as chaves, apertando-as com força para não fazerem barulho.

— Vou pegar o incensório para a bênção — avisei, quase em voz alta.

Ela não me viu. Estava rezando. Abri a porta do saguão e

fechei-a ao passar para o outro lado. Abri a porta grossa e deixei as chaves na roda e a girei para dentro, para que a freira visse as chaves. Então saí bem devagar, com medo, como se fosse cair num buraco, e, quando fechei a porta grossa atrás de mim, respirei um ar que não cheirava a convento. O vento frio me deu a impressão de que tinha saído de trás da porta para me assustar, mas já era tarde para tudo. A rua era uma longa ladeira; avistei, ao longe, um pedacinho da torre de uma igreja. Antes de começar a caminhar rumo ao mundo, me dei conta de que fazia muito tempo que deixara de ser menina. Não havia ninguém na rua além de dois cachorros magros, e um estava cheirando o rabo do outro.

Bordeaux, 1997.

De Flora Tristán a Emma Reyes

Germán Arciniegas

El Tiempo, 9 de agosto de 1993.

Até hoje, o livro de Flora Tristán sobre sua viagem ao Peru e as recordações de sua infância é o documento mais dramático já deixado por uma mulher em relação a experiências vividas na América. Flora — que para muitos é filha de Bolívar — era avó de Gauguin e, ao longo da vida, sofreu as penas do inferno muitas vezes. Entretanto, tirou uma rebeldia — sabe Deus de onde — que a situa como fundadora do socialismo internacional e, nas universidades, sua biografia é tão estudada quanto a de seu contemporâneo Karl Marx. Se Emma Reyes escrevesse e publicasse a história completa de sua vida, seu livro poderia ter mais leitores que o de Flora. Corrosiva e inteligentíssima, Emma tem insights de humor que a convertem numa incomparável contadora de histórias. Instala-se em qualquer lugar da Europa, e quem a escuta gostaria de continuar escutando-a até o amanhecer.

Emma saiu de Bogotá com uma experiência que não ia além da de uma menina recolhida num hospício, e de especialista em modelos de bordado. Chegou a Buenos Aires vendendo caixas de Emulsão Scott, viajando a pé, de ônibus, de trem, do que lhe aparecesse. De Buenos Aires foi para Montevidéu em plena guerra do Chaco, passou a lua de mel numa garagem e foi morar na selva paraguaia, onde guerrilheiros mataram seu filho com infinita crueldade. Em Buenos Aires, ganhou um concurso internacional de pintura e foi para Paris. Tenho um quadro dela dessa época, tão dourado de sol quanto as pinturas de Gauguin feitas no Taiti (aqui se cruzam Emma e Flora). Quando ela expôs na margem esquerda do Sena, o último a sair assinou a folha de visitantes que Emma talvez conservara em algum baú. A assinatura já era conhecida: Picasso.

De Paris ela foi a Washington e ao México, onde conheceu Tamayo e Rivera. As flores grandes que Rivera pintava na época, Emma, aos cinquenta anos, converteu em rosas, lírios, pinhas ou alcachofras de muitos metros, feitos com a precisão de quem se educou bordando num orfanato. De volta a Paris, montou sua barraca, como um beduíno, e pintou, pintou, pintou, e falou, falou, falou, e foi apresentando, um a um, todos os pintores sul-americanos que mais tarde se tornaram famosos no mundo inteiro. Mas sempre rebelde, atenta, curiosa e informada como uma índia que ela não era ou como uma branca de esquerda. Até que, um dia, chega a Périgueux, de braço dado com Jean, seu médico, com quem se casou e quem foi seu grande amor.

Périgueux tem dois pontos que são suas próprias colunas estruturais: Montaigne e o rei da Patagônia.* Montaigne viveu mais de dez anos com um índio guarani com quem dialogou mais que com Platão e Anaxágoras. Escreveu dois de seus melhores ensaios a partir das reflexões feitas sobre seus diálogos com esse criado que arrumou em Rouen durante a mostra brasileira

---

* O advogado Antoine de Tounens (1820-78), de Périgueux, foi para o Chile em 1858 e fundou o reino da Araucânia e Patagônia. Foi coroado em 1861, com o nome de Orélie Antoine I. (N. T.)

organizada para homenagear o novo rei. Montaigne descobriu que, como poetas, os guaranis estavam à altura dos gregos e, em termos de dignidade, superavam os franceses. Já em nossa época, um francês de Périgueux resolveu proclamar-se rei da Patagônia e acabou convencido de que realmente o era. O resto eram trufas e foie gras. Emma e Périgueux se entenderam nos edifícios públicos, e nos pátios do Liceu há alguns murais gigantescos que ela pintou, com o carinho com que se faz uma flor de seis metros de altura para ficar como lembrança na lapela de um povo. Agora é uma pintora consagrada, mas não podemos esquecer o que diz seu diário da infância. Eu a persuadi a escrevê-lo, e ela conseguiu redigir umas cem páginas exemplares mesmo atropelando o castelhano, escrevendo *ilusión* com *c* e misturando palavras do francês "dela" com o que lhe restava do castelhano "dela". Talvez a única pessoa que leu essa parte, que ficou em suspenso, parou no ponto e vírgula para prosseguir com minúscula, tenha sido Gabriel García Márquez, a quem a apresentei. Seu entusiasmo foi igual ao meu. E pensar que esse diário deixaria o de Flora Tristán para trás...

O que aconteceu com Emma Reyes?

Por Diego Garzón. Produção Jornalística: Vanessa Fayad e Stephanie Kisner.

16 de janeiro de 2013

Para muitos, *Memória por correspondência* é o livro mais importante de 2012. Nele, Emma Reyes relata sua infância triste em 23 cartas inesquecíveis. O editor da *SoHo*, Diego Garzón, decidiu averiguar como terminou a vida dessa mulher. Esta é a história que ocorreu depois da história.

Chegou-me um livro que só consegui largar quando terminei de ler. A leitura demorou pouco mais de duas horas, e, depois, não parei de pensar nessa história. Dias depois, ainda refletia sobre ele. Estou falando de *Memória por correspondência*, que, segundo a crítica especializada — *Semana*, por exemplo —, é o melhor livro de 2012 e dos últimos anos publicado na Colômbia. O tema é simples: a infância miserável de uma mulher que a relata sem ressentimento nem rancor através de 23 cartas dirigidas a seu amigo, o intelectual Germán Arciniegas. As cartas lembram a tristeza pacata, a nostalgia sem o sentimentalismo de *As cinzas de Ângela. Memória por correspondência* foi escrito por uma mulher que permaneceu analfabeta até os dezoito anos e que nunca frequentou um colégio ou uma universidade. Narra, entre outras coisas, as lembranças mais remotas de sua infância — quando morava numa casinha sem luz, sem banheiro e sem janelas no bairro de San Cristóbal, em Bogotá, no começo da década de 1920 —, e o momento em que foi abandonada junto com a irmã, acabando confinada num convento durante quase quinze anos. Se Rilke dizia que a pátria de todo homem é sua infância, a de Emma Reyes é uma pátria eterna para quem lê seu relato. Essa infância já é nossa, nos pertence para sempre.

Sabe-se por alto que, depois que fugiu do convento, Emma viajou pela América do Sul, pedindo caronas até a Argentina. Casou-se no Uruguai. Morou no Paraguai. Tornou-se artista. Ganhou uma bolsa para estudar em Paris e acabou convivendo com a elite cultural europeia — pessoas como Alberto Moravia, Jean-Paul Sartre, Pier Paolo Pasolini, Enrico Prampolini, Elsa Morante, entre muitas outras. Foi madrinha dos pintores colombianos na França até sua morte, em 2003, em Bordeaux.

Quem era Emma Reyes, essa mulher que me fez ler a história de sua infância entre lágrimas? Fiquei obcecado por isso e, ao concluir a leitura, prometi investigar. O que aconteceu com as outras personagens mencionadas em suas cartas? Por que o sobrenome "Reyes"? Ela sabia quem eram seus pais? Procurou-os alguma vez? Aqui está tudo o que aconteceu com Emma Reyes, com sua irmã e com a vida incrível que a esperava.

Emma Reyes foi uma filha de Maria Auxiliadora. Em 1909, nasceu a Oficina Maria Auxiliadora, onde as meninas "se encarregavam, durante muitos anos, de bordar a faixa presidencial, por causa da relativa proximidade, amizade e colaboração permanente com o Palácio Presidencial" — exatamente o que

Emma fez quando ali morou. Em 1920, quatro anos antes de Emma chegar lá, a oficina se situava na Calle Ocho, 10-65; o padroeiro era são João Bosco e a diretora-geral era Maria Carolina Mioletti, como também informam as cartas de Emma. Esse lugar não existe mais: o Parque Terceiro Milênio apagou a pior lembrança de Emma.

No Centro Histórico Salesiano, no colégio León XIII, há documentos referentes a algumas personagens, como o padre alemão "Bacaus", que diariamente celebrava a missa para as meninas e que foi, talvez, uma das poucas pessoas que lhe deixaram uma doce recordação. Emma nunca soube como se escrevia seu nome, que, na verdade, era Backhaus, "o único homem e a única pessoa do mundo de fora que tínhamos permissão de ver". A revista *Voz Amiga*, de ex-alunas de Maria Auxiliadora, de 1940, menciona três freiras que figuram nas cartas de Emma: a sóror Dolores Castañeda, "a diretora"; a sóror Inés Zorrilla, "que dirigia a lavanderia", e a sóror María Ramírez, "a freira que eu mais amava", que dirigia a sala de passar roupa. Mas o mais comovente, o testemunho mais próximo do que Emma escreveu sobre sua estada no convento, sobre seu trabalho com o bordado e sobre a pobreza em que viviam, está em um artigo publicado em *La Crónica* em 1924, quando ela, aos cinco anos, deve ter sido recolhida pelas freiras. O texto "As filhas de Maria Auxiliadora" informa que o instituto "tem como objetivo, segundo reza o folheto oficial, 'Proteger a infância, preservar e educar as crianças pobres'". E o autor, que optou por assinar como Polidoro, prossegue: "Em determinadas horas, ouvem-se nos arredores cantos doces, gritaria ruidosa de meninas no recreio animadíssimo, orações fervorosas. Em outras, o silêncio é absoluto, como se não houvesse ninguém naquela casa. Contudo, se pararmos para escutar, percebemos o rumor ritmado das máquinas Singer ou os arpejos de um piano".

Polidoro conta que, um dia, entraram ali — fala no plural — por curiosidade. "Desde o primeiro instante, chama-nos a atenção uma vitrine em que se destacam umas colchas tão primorosamente bordadas e outros trabalhos em linho e seda tão perfeitos que nos dão vontade de comprá-los." Em seguida, descreve os pátios de modo semelhante ao de Emma, e também um salão comprido onde dezenas de jovens bordam e costuram. A freira explica que ali "fazem todo tipo de bordado em [tecido] branco, em seda e com [fio de] ouro, e confeccionam ornamentos de igreja. Com sua produção se sustentam muitas meninas pobres e órfãs". O cronista termina seu texto com a frase: "Quando saímos para a rua, estávamos com os olhos úmidos".

— Emma, como foi a sua infância?

— Às vezes, acho que foi muito triste, e às vezes acho que foi privilegiada.

— Isso é muito ambíguo. Seja mais clara. Como foi a sua infância?

— Essa infância se passou num convento, sem que eu nunca saísse de lá. Num mundo absolutamente de sonho, de abstração, porque tudo que acontecia fora do convento se passava no que chamávamos de "o mundo", como se estivéssemos em outro planeta. Naturalmente, isso desenvolveu uma enorme imaginação em nós. A nossa imaginação enlouquecia, levando-nos, inclusive, a imaginar que as árvores eram de outra cor e as pessoas de outra forma, e a angústia sobre o que havia lá fora era tamanha que um dia resolvi escapar.

Assim começa a entrevista que Gloria Valencia de Castaño fez com Emma Reyes para o programa de televisão *Gloria 9h30*, em 1976, quando a artista tinha 57 anos. Hoje o produtor

Rodrigo Castaño guarda a gravação como um tesouro. O vídeo em preto e branco de 26 minutos contém uma introdução emocionada da jornalista e, depois, mostra uma mulher de cabelo crespo e volumoso, que ainda não volta o rosto para a câmera e tenta pintar uma tela a óleo com uma naturalidade forçada, enquanto se dispõe a responder as perguntas que se seguem. Depois que Gloria Valencia lhe pede, ela vira o rosto para que os telespectadores a vejam: é mestiça, com maçãs do rosto salientes, magra, fina nos gestos, delicada; usa um vestido de listras escuras e um colar de sementes. Deve ter sido bonita. Não apresenta nenhum sinal da vesguice que menciona no livro. Tem a voz rouca, forte, imponente e, em alguns momentos, parece puxar o r. Fala com um sotaque que não parece de Bogotá nem de qualquer região da Colômbia, mas argentino. E de vez em quando solta palavras em francês e italiano para complementar o que o espanhol parece não expressar bem.

Ali está Emma Reyes, e fico profundamente emocionado ao vê-la, ao saber, durante breves minutos, como ela era, como falava, como se via essa mulher que nunca pensou em ser escritora. A entrevista continua, e Gloria Valencia pergunta o que todos os leitores de *Memória por correspondência* gostariam de saber: o que aconteceu logo depois que escapou do convento? Emma descreve sua fuga de maneira semelhante à do livro: antes de ir buscar o turíbulo, pegou as chaves que estavam atrás da porteira e foi embora. Porém, na entrevista, acrescenta uma informação que não contou nas cartas: "Saí com o uniforme que tinha no corpo, e tudo isso me passa pela cabeça como um sonho, até que cheguei a um trem no qual praticamente me obrigaram a subir, e tudo era tão irreal, porque nunca tinha visto um trem, um bonde, um automóvel, a não ser quando era muito pequena. Você imagina se alguém tem uma descrição dessas coisas?".

— E o que aconteceu? Você tomou o trem e depois?

— Ai, isso é muito comprido. Só vou dizer que, depois de mil coisas, cheguei a Paris — Emma responde com um sorriso.

— Nesse momento, quando a Emma toma esse trem, descalça e com duas tranças no cabelo, começa a lenda Emma — comenta a entrevistadora, como num parêntese, mas não insiste no que realmente aconteceu. E, ao ouvir a expressão "lenda Emma", a entrevistada imediatamente acrescenta:

— Sim, há um tanto de exagero. Não é que eu queira que a esqueçam, mas, às vezes, tenho a impressão de que minha vida tem mais importância do que meu trabalho.

E Gloria Valencia esclarece que não é bem assim, mas que realmente há um fascínio por tudo que aconteceu depois.

— E você estudou alguma coisa lá?

— Não, isso era opcional. Quem queria ler ou escrever tinha aula aos domingos.

— E você aprendeu?

— Não, não vi necessidade. Para quê?

— Então, quando saiu do convento, você não sabia nem ler nem escrever?

— Não, nada.

— Quem lhe deu afeto na infância?

— Acho que não tínhamos esse tipo de preocupação. O que nos interessava era o pecado, salvar a alma, não ser má, ter medo do diabo.

Ao crítico de arte Álvaro Medina, com quem manteve longa amizade na França, contou que, poucas semanas depois de escapar do convento, aconteceu o acidente aéreo de 24 de julho de 1938, no aeroporto de Santa Ana, em Usaquén. Numa exibição aérea — para que existem, se sempre acontecem acidentes? —, um avião se chocou com a tribuna onde estavam o presidente em fim de mandato, Alfonso López Pumarejo, e o presidente eleito, Eduardo Santos. Emma tinha dezenove anos. Data que corrobora d. Clara Arias, uma senhora de noventa anos que me revela em seu apartamento, no norte de Bogotá, que seu falecido marido, Manuel Arias Restrepo, foi namorado de Emma pouco antes de 1940.

A Gabriela Arciniegas — seus pais e sua irmã já morreram —, Emma contou que, depois do convento, trabalhou numa emissora e num hotel de Bogotá frequentado por muitos diplomatas, que a ensinaram a ler e escrever. Também mencionou um padre com o qual viajou a algumas cidades, como Medellín e Cali, e foi até a costa atlântica. Conheceu não só o mar em Barranquilla, Santa Marta e Cartagena, mas também uma mulher que lia folhas de tabaco e prenunciou, como depois repetiria tantas vezes, um destino cheio de viagens, de aventuras. Emma empreenderia então sua travessia pela América do Sul, pedindo carona, vendendo Emulsão Scott, trabalhando em hotéis, limpando e cozinhando. Dependendo da situação, ficava mais tempo em algumas cidades ou seguia caminho. Assim chegou à Argentina.

Dois anos antes de morrer, em 1999, o escultor caldense Guillermo Botero Gutiérrez decidiu escrever suas memórias. Em *Y fue un día...* ele relata sua longa viagem pela América do Sul. No final desse livro que encontrei na Biblioteca Nacional depois de procurar inutilmente nas livrarias, Botero fala de seu trabalho "no rancho de Gonzalito", em Montevidéu. É o começo da década de 1940, e ele conta que um padre, seu amigo "de Punta Gorda", visitou-o; estava com uma jovem "simpática, sorridente e um pouco ousada. Subimos para a sala de jantar, usada como ateliê, e ele me apresentou a moça. 'Emma Reyes', ela disse sem timidez. Era uma voz de mulher que sabe conquistar". Emma havia chegado da Argentina e estava desempregada. Indagada por Botero, respondeu que queria trabalhar no que aparecesse: "'Não tenho dinheiro. A minha irmã ficou de me mandar uns pesos da Colômbia, mas nunca aparecem'. Continuou falando e contando sua falta de sorte, como todos os colombianos que pedem ajuda no exterior...".

Botero prometeu lhe arrumar emprego num armazém. Explicou que o dono do sítio em que estavam era Armando González, artista importante que se encontrava no Chile. Propôs-lhe dormir na cama de "Gonzalito" até ele voltar. Emma se ofereceu para lavar, varrer e cozinhar. Assim nasceu o romance entre os dois, e, num piscar de olhos, estavam casados.

Botero conta em seu livro: "Não sei por que resolvi casar. Casei no civil, num vilarejo de vacas leiteiras e queijos". Referia-se à Colonia Suiza, hoje Nueva Helvecia. A lua de mel foi num pequeno hotel "para turistas recém-casados", e ele já estava arrependido da decisão. Emma lhe falou de sua intenção de ser artista "e recitava a carta que ia escrever para a irmã, Helenita, para vir morar conosco e cuidar da casa, permitindo-lhe, assim, ter mais tempo para pintar. Começou a pintar umas paisagenzinhas inventadas, umas flores simples e umas naturezas-mortas quase infantis. Era uma pintura cheia de ingenuidade, à aquarela, como a das crianças que exprimem essa simplicidade tão difícil de imitar... Ela mesma elogiava suas obras e acreditava ter encontrado a verdadeira expressão da paisagem, das flores".

Os amigos do artista se divertiam com Emma ao ver a ingenuidade de sua pintura, enquanto seu marido "continuava pensando no fato de ter casado, no passo da minha idade, sem pensar nem analisar". Depois, foram para o Paraguai, convencidos de que lá os colombianos eram como nativos, e terminaram em Caacupé, uma cidadezinha perto de Assunção. Os paraguaios ainda viviam sob a sombra da Guerra da Tríplice Aliança, em que lutaram contra Brasil, Argentina e Uruguai. Tantos homens morreram na guerra que a gravidez para repovoar o país se tornou habitual. Um amigo lhe disse que podiam engravidar as mulheres que quisessem e seria uma honra para elas. Na cidadezinha não havia abastecimento de água nem rede de esgoto, tampouco banheiros públicos, de modo que as pessoas faziam suas necessidades na rua. Além disso, o Paraguai vivia uma guerra interna. Botero conta que, uma tarde, um vizinho lhe informou que, em Concepción, um regimento se rebelara contra Moríñigo, o novo presidente. "Aqui se rouba e se mata... Arrasam tudo e queimam o que não conseguem levar. Temos de enterrar a comida, é a única solução, e, se temos coragem, desenterrá-la à noite para viver, ou, do contrário, fugir", o vizinho acrescentou.

Muitos anos depois, Emma ratificou esses episódios e, uma vez, pesarosa, revelou a Germán Arciniegas que teve um filho e que o mataram numa dessas revoltas, quando tinha apenas alguns meses de idade. Um grupo de homens entrou em sua casa para saqueá-la, e tudo acabou em tragédia. Ela comentou isso poucas vezes e com poucas pessoas. Botero não menciona nada sobre isso em seu livro, só a dificuldade de viver entre a guerra que estava começando. "Dias depois, aconteceu algo incomum. Chegou Helenita, a irmã de Emma. Era uma mulher meio madura, nem feia, nem bonita. Tampouco era inteligente, mas não era ignorante. Nem alta, nem baixa, com um cabelo que não era nem curto, nem comprido. Uma cara sem contrastes, nem alegre, nem triste. O que se podia afirmar é que era uma mulher, por causa dos seios, do rosto, da voz, e de que tinha uma presença, já que ocupava espaço." Botero diz que se deram bem e que Helena havia sido amante de um homem de Cali, gerente da Lotería del Valle. "Falou que a amava muito, mas, um dia, passou a amar mais outra mulher e a abandonou. Ela recebera a carta de Emma e veio morar conosco."

Depois, viajaram pelo rio La Plata até Buenos Aires. Botero não aguentava mais o casamento. Ele mesmo escreve que não quer entrar em detalhes sobre o divórcio, "umas discussões sem importância, arrumar advogado e dar início a um processo burocrático. Fiz uma exposição, deixei um dinheiro para Emma e Helena e fui para o Uruguai, para o ateliê de Gonzalito".

Conta, nessas páginas, o que Emma também revelou ao jornalista Carlos Enrique Ruiz, diretor da revista *Aleph*, numa entrevista em Bordeaux, em 1998, quando estava já com 79 anos: algum tempo depois, levou Botero ao ateliê e lhe contou que ganhara uma bolsa em Buenos Aires para estudar em Paris. Devia embarcar para a Europa e tentou convencer Botero a ir junto. Sobre isso, o escultor escreveu: "Olhei-a demoradamente. Não entendi nada. Pensei e só consegui dizer: 'Convido você para almoçar e a acompanho até o navio. É a única resposta que tenho para lhe dar'. Ela não respondeu, calou-se e esperou". Com efeito, ele a acompanhou até a cabine do navio; ela lhe entregou um retrato seu e se despediram. "Ao deixar o convés e descer para o cais, fui rasgando lentamente a fotografia dela e, devagarinho, comecei a jogar os pedaços no mar. Na realidade, esse gesto não era mais que uma despedida total."

Naquela entrevista, Emma dá sua versão: "O navio ficou umas cinco horas no porto de Montevidéu, e pensei que devia tomar um táxi para ver o Guillermo e lhe contar sobre o meu novo destino. Foi o que fiz. Há lembranças que a gente não perde na vida, nem em meio ao silêncio. O navio estava diante de uma praça enorme. Subi com o Guillermo, fomos até a minha cabine, onde eu tinha um cavalete que os amigos pintores me levaram. Acompanhei-o na volta, descendo as escadas do navio, e, toda vez que penso nele, vejo-o atravessando aquela praça enorme, durante uma hora, sem olhar para trás".

O que Emma não sabia é que a tristeza dessa despedida

logo seria superada com a chegada de um novo amor, um maior: Jean Perromat, médico francês que viajava no navio e que, anos depois, tornou-se seu marido para sempre.

"Onde a senhorita nasceu? Está no passaporte: nasci em Bogotá. Tem família, pai, mãe? Não, acho que todos já morreram. Que história é essa? Tem irmãos? Tenho uma irmã, mas também a perdi. Morreu? Não; a perdi na rua e nunca mais a encontrei. Acho que não gostava de mim e me lembro dela como uma mau-caráter. Mas a senhorita tem protetores? Tenho são João Bosco e, além disso, fui filha de Maria Auxiliadora. Ele riu e me deu um tapinha nas costas, pedindo-me para voltar à sala do embaixador. Ah... Desculpe, desculpe, senhorita. O que veio fazer na França? Vim estudar. Estudar o quê? Quero pintar quadros, desses que penduram nas paredes. Tem mais algum estudo? Não. Nunca estudei nada de nada. Conhece pessoas importantes na Colômbia que a ajudaram? Não, senhor cônsul, ainda não conheço nenhum colombiano importante, mas espero conhecer vários, um dia." Emma Reyes escreveu na *Aleph* sobre sua chegada a Paris, quando foi detida pela polícia e encaminhada ao cônsul da Colômbia. Após a entrevista com Carlos Enrique Ruiz, em Bordeaux, os dois mantiveram contato epistolar, e ele a convenceu a publicar alguns textos na revista.

A Fundación Zaira Roncoroni, que lhe concedeu a bolsa de estudos, entregou-lhe um dinheiro e se comprometeu a lhe enviar, mensalmente, uma quantia para sua manutenção. Tão logo Emma desembarcou em Le Havre, a polícia lhe confiscou a "valise", porque ela havia comprado em Buenos Aires francos emitidos pelos alemães durante a invasão da França, na Segunda Guerra. Tratava-se de uma ofensa, pois quem tinha esses francos presumivelmente havia colaborado com os alemães. Mas o incidente foi superado, e Emma começou vida nova no país onde morou por mais de cinquenta anos.

Ela já estava doente antes de deixar a Argentina. No Paraguai, foi acometida de leishmaniose e, em Buenos Aires, passou por uma internação hospitalar. No navio, teve uma recaída e, em seu relato para a *Aleph*, fala de um médico solícito que a atendeu, cujo nome não menciona. Mais tarde, saberíamos que era Jean Perromat. Assim que chegou à França, Emma entrou em contato com um funcionário da Bayer que conhecera no navio e que a ajudou a arrumar um ateliê para trabalhar. Reencontrou o cantor argentino Atahualpa Yupanqui, que conhecera no Paraguai e com quem manteve longa amizade. Com o dinheiro da bolsa, inscreveu-se na academia de arte de André Lhote, uma das mais prestigiosas da capital. Queria aprender um pouco da técnica da pintura, com modelos que posavam para os estudantes, mas fracassou nesse aspecto. "Um dia, Lhote chegou para mim e falou: 'Você não olhou para o modelo, só inventou. Além disso, você não tem noção de desenho, mas quero conversar com você'. Fui vê-lo e nos tornamos grandes amigos. Ele disse que eu tinha de trabalhar sozinha, porque existe gente que conhece o ofício, mas não existe muita gente que tem o que dizer. 'E você tem tanto para dizer que é melhor procurar sua própria forma de expressão. Vá a muitos museus'. E assim fui levando a parte profissional", conta na entrevista com Gloria Valencia.

O namoro com Jean não durou muito, mas foi retomado para finalmente se casarem em 1960, tendo como padrinhos Germán Arciniegas e sua esposa, Gabriela. Emma preferia Paris; Jean, Bordeaux ou Périgueux. Cada um passava alguns dias em seu lugar predileto, como se quisesse que o outro sentisse sua falta, e se encontravam no fim de semana e no verão. Jean sempre tinha alguma surpresa para as férias. Quem o conheceu afirma que "era um perfeito cavalheiro". Era culto, lia muito e era especial com Emma. Só que ela era o centro das atenções, inclusive na família Perromat. Álvaro Medina, que a visitou em Bordeaux, lembra que os almoços familiares — que se estendiam por horas — giravam em torno dela. Emma permaneceu em Paris durante os três anos de sua bolsa. Depois, foi para Washington, contratada pela Unesco para elaborar as cartilhas de alfabetização para a América Latina. Também trabalhou com Diego Rivera no México e foi assistente na galeria de Lola Álvarez-Bravo, uma das mais prestigiosas do Distrito Federal. Não só ajudou a organizar a última exposição em vida de Frida Kahlo, como ainda expôs ali com o próprio Rivera, José Clemente Orozco e Rufino Tamayo.

Depois, rumou para a Itália: morou em Capri, Veneza, Florença e Roma. Continuava pobre. Instalou-se num porão cujas janelas lhe permitiam ver apenas a luz do sol e os sapatos dos transeuntes. No entanto, graças a sua pintura e a seu carisma, acabou convivendo com os principais intelectuais da Itália: Elsa Morante, Alberto Moravia, Enrico Prampolini, entre outros. Não só foram seus amigos, mas também escreveram sobre sua obra. Sua estadia na Itália foi interrompida unicamente por uma viagem de dezoito meses a Israel. Emma inventava essas viagens para vender suas pinturas e, em meio às dificuldades, chegou a trabalhar como motorista de uma marquesa. Pintava e dirigia por Roma. Até que um dia atropelou uma pessoa — dizem que estava na companhia do também artista Carlos Rojas —, e precisou ir embora de Roma. A vítima do acidente não sofreu consequências graves, mas insistiu em processá-la. Nenhuma tentativa de conciliação surtiu efeito. Emma decidiu partir. Voltou à França para ficar.

Em *Nuestros pintores en Paris*, Plinio Apuleyo Mendoza escreve: "Os pintores que chegaram no final da década de 1960 e ao longo dos anos 1970 sempre a encontraram em seu caminho. Ela ajudou Botero a se instalar em Paris. Dario Morales e a esposa, Ana Maria, viam o dia amanhecer, conversando com ela em seu apartamento, perto do Observatoire. Caballero, Cuartas, Cogollo, Barrera, Francisco Rocca e Gloria Uribe giraram a seu redor, recém-chegados. Sim, antes de ganhar penas, eram seus pintinhos, e ela era a galinha".

— O que Emma pintava? — perguntou-lhe o crítico de arte Álvaro Medina.

— O tema dela eram as pessoas comuns, simples. Embora tenha pintado muitas naturezas-mortas e algumas paisagens, o tema fundamental era o povo da rua. Ela fazia um desenho figurativo com abstratos. Suas pinturas parecem desenhos coloridos, é a estrutura fundamental que, ela mesma dizia, derivou da sua experiência com os bordados para as freiras.

Ramiro Castro, irmão de Dicken, publicou um livro com vários textos críticos sobre sua obra. Como o de Luis Caballero, que diz: "Há pintores míticos, lendários. Dos quais se fala, em torno dos quais se tecem e destecem histórias, mas cuja pintura se ignora. Emma é um deles. Sua personalidade forte impede que se veja sua obra, para infelicidade dos que amam a pintura. A lenda de Emma surgiu a partir de sua própria vida, apesar de sua obra; é por isso, talvez, que sua obra é ignorada". Germán Arciniegas dizia: "Ela não pinta com óleo, mas com lágrimas".

Emma expôs em várias cidades do mundo. Hoje, grande parte de seus trabalhos pertence à Fundación Arte Vivo Otero Herrera, em Málaga, Espanha. Outros estão no Museo La Tertulia, em Cali. A biblioteca de Périgueux conserva um grande mural de sua autoria. Sobre sua arte, ela declarou: "É verdade que a minha pintura são gritos sem ar. Os meus monstros saem da mão e são homens e deuses ou animais ou metade de tudo. Luis Caballero diz que não pinto quadros, mas que os escrevo".

* * *

"Helena me avisou:

— Se você falar da sra. María, eu te bato.

E esse silêncio durou vinte anos. Em público ou em particular, nunca mais pronunciamos o nome da sra. María, nem falamos do tempo em que vivemos com ela, nem de Guateque, nem de Eduardo, nem do Menino, nem de Betzabé. Nossa vida começava no convento, e nenhuma de nós jamais traiu esse segredo", Emma escreve em seu livro.

E assim foi. Nunca falou da sra. María, que aparece no livro como sua cuidadora, uma espécie de mãe que dividia com a irmã, mas a qual nunca chamou de "mãe": apenas de "a sra. María". Porém, esse segredo que quis guardar para sempre foi o que seus próximos mais quiseram desvendar. Sempre que ela contava a história de sua vida, perguntavam: quem era a mãe de Emma Reyes? O pintor Ramiro Arango, radicado em Paris com a esposa, Edilma, e grande amigo de Emma até sua morte, contou-me por telefone que um dia foram a uma reunião em que, por coincidência, encontraram o escritor Manuel Mejía Vallejo. Ele, tornando pública uma suspeita pessoal, perguntou:

— É verdade que você é neta do presidente Rafael Reyes?

— Não falo sobre isso. Vamos mudar de assunto, por favor — ela respondeu, perturbada como poucas vezes ficava.

Em Paris, optou durante muitos anos por não falar de seu passado. Não sabia qual seria a reação de Jean e de sua família, tradicional e reconhecida na França. Por isso, preferiu que o livro com suas cartas fosse publicado depois de sua morte. Realmente, Sophie e Xavier Perromat, sobrinhos de Jean, me asseguraram que não sabiam nada sobre o conteúdo do livro. Nem sequer ouviram falar de Helena.

Essa irmã foi um dos maiores enigmas. Nem mesmo os

Arciniegas a conheceram. Álvaro Medina me disse que pensava que Emma era filha única. O certo é que Helena — como me confirmou Ramiro Arango — acabou morando no Brasil e visitou Emma algumas vezes em Paris. Emma era hermética em relação ao assunto e advertia: "Esta semana, vou receber uma visita muito importante e, por isso, não quero que ninguém ligue nem apareça até eu avisar". Dias depois, comentava que sua irmã, Helena, estivera em sua casa.

O arquiteto e designer gráfico Dicken Castro me recebeu em seu apartamento, no bairro Chicó, em Bogotá. Como seu falecido irmão, Ramiro, também foi amigo de Emma. Contou-me que ela mencionou uma vez que, quando era menina, sabia que algumas pessoas iam ao convento com frequência para saber como estavam as duas irmãs. Por que o sobrenome Reyes? Às vezes, ela respondia bem-humorada: "Sou dos Reis [Reyes] da Inglaterra". Outras vezes, dizia que era filha do presidente Rafael Reyes. E, no fim, confessou a um amigo que mora na França e me pediu para não revelar seu nome que realmente era neta de Rafael Reyes, como lhe perguntara Manuel Mejía. Reza a lenda que, em junho de 1909, o presidente Reyes partiu de Santa Marta com os três filhos e as três filhas — era viúvo — para o exílio em Manchester, Inglaterra. Só em 1918 voltou para a Colômbia com a família. Emma Reyes nasceu um ano depois.

Emma contou a Gabriela Arciniegas que soube quem era seu pai e, ao sair do convento, até o procurou e falou com ele. Ouviu-o declarar que nunca a reconheceria e que não a ajudaria em nada, o que a levou a deixar a Colômbia, humilhada e cansada de tudo. Queria começar uma vida nova, como de fato começou, mas também queria mostrar ao pai que podia triunfar sem seu apoio. Se esse encontro efetivamente ocorreu, não foi com o presidente Reyes, que falecera muito antes, em 1921, quando Emma tinha dois anos, e sim com um de seus filhos — Rafael Enrique ou José Ignacio —, mas só ela poderia nos dar a verdadeira resposta.

Numa de suas cartas, Emma conta que, quando tinha quatro anos, a sra. María a levou com a irmã, Helena, para Guateque. Por que para essa cidade e não para qualquer outra do país? Por que a sra. María trabalhou na loja da fábrica de chocolate La Especial, tanto em Guateque quanto em Fusagasugá depois? Quem era o pai do Piolho, o menino do qual as irmãs se tornaram amigas e, segundo parece, era filho do governador de Boyacá, que passeou pela cidade numas festas e, além disso, levou para lá o primeiro carro, antes do incêndio que durou três dias e reduziu a cinzas "a parte baixa da cidade"?

Vou para Guateque buscar as respostas. A cidade de Boyacá, a duas horas e meia de Bogotá, é parecida com qualquer outra da Colômbia, com uma igreja de fachada branca que domina a praça principal. À direita dessa porta imensa de uns dez metros de altura está o Banco de Bogotá. Bem ali devia ficar, há noventa anos, a loja de chocolate onde a sra. María trabalhou. Falo com o pároco Carlos Hernán Bernal, de uns 45 anos, que me recebe amavelmente em seu gabinete e me diz que nunca ouviu nada a respeito, apesar de sua família ser de Guateque. No arquivo do Palácio Municipal, uma mulher que não tem mais de trinta anos explica que não há fotos históricas ali, apenas algumas posteriores a 1950. Insisto em ver o que existe sobre a década de 1920, quando Emma morou ali, mas é impossível. Pergunto-lhe se há informações sobre um incêndio que começou no hospital por volta de 1923 ou 1924, no qual morreram umas cinquenta pessoas. Nada. Pergunto, inutilmente, a vários moradores se alguém sabe quando o primeiro carro chegou a Guateque.

A ex-bibliotecária da cidade, Isabel Benito — que a prefeitura me indicou para falar de assuntos históricos —, me informa, com a ajuda de um café, que o pior incêndio ocorreu em 1959 e consumiu um quarteirão inteiro longe do hospital, e me mostra o local onde hoje existe um edifício em ruínas. Na biblioteca Enrique Olaya Herrera — a casa onde nasceu o presidente — apenas um livro amarelado e carcomido chamado *Guateque* pode me dar pistas. Fala da inauguração do hospital, em 1877, "numa casa com telhado de palha" (como Emma descreve), propriedade do sr. Cornélio Hernández, comprada para ser transformada em um hospital, mas isso é tudo.

Dias depois, na Biblioteca Nacional de Bogotá, procurei no periódico *El Tiempo* notícias de Guateque desde 1923 — quando Emma tinha quatro anos —, mas encontrei pouquíssimas informações. A publicação menciona a possível construção da estrada de Cundinamarca a Guateque e, por volta de 1926, fala da indignação do povo com a demora das obras.

Sabe-se que o primeiro carro entrou em Boyacá em 1909, com o então presidente Rafael Reyes, que inaugurou a chamada Carretera Central do norte até Santa Rosa de Viterbo, sua cidade natal. Passou por Tunja, na direção oposta a Guateque, e dez anos antes de Emma nascer. Em Garagoa, a cidade mais próxima de Guateque onde se tem notícia da chegada do primeiro carro, o "monstro" apareceu em 1930 em lombo de mula, e foi montado na praça, onde virou a atração de todos os habitantes. Mas nessa época Emma não morava mais lá perto, e muito menos quando a estrada para Guateque foi inaugurada, em 1934, no final do mandato de Enrique Olaya Herrera.

Penso nessa segunda carta em que Emma fala sobre o homem que as visita em Bogotá, o pai do Piolho, "um senhor muito alto e magro, que não estava vestido como os homens do bairro, mas como os que víamos nos jornais no lixo". A sra. María informa que "aquele homem que esteve aqui é um grande político, talvez venha a ser presidente da República".

As memórias de Emma sobre Guateque eram uma espécie de fantasia misturada com episódios reais? Seria possível um carro passar por Guateque quando ela morava lá e ninguém registrar o fato? Ela viu um incêndio menor e, com o tempo, a lembrança adquiriu uma magnitude monumental? Emma confundiu várias lembranças para chegar a ver a imagem do pai do Piolho, um incêndio e o carro, tudo na mesma festa? Quem era o governador, pai do Piolho?

Quando Emma tinha entre três e seis anos — período em que pode ter morado em Guateque —, os governadores foram Luís A. Mariño Ariza, Silvino Rodríguez, Nebardo Rojas e Nicolás García Samudio. Nenhum deles é de Guateque, e não há maiores informações sobre nenhum deles.

Antes de partir, resolvo procurar o homem mais velho da cidade, que talvez tenha vivido algumas das coisas que Emma teria visto. Dom Miguel Antônio Roa, de 94 anos — um a mais do que ela teria, se estivesse viva —, recebe-me amavelmente, graças à ajuda da nora, que localizei perto da praça. Anda devagar, mas, apesar da idade, está com a memória intacta. Conta-me que, com efeito, a casa que hoje é um banco pertenceu aos Montejo em algum momento, família muito importante, como diz Emma. Não lembra onde era a loja de chocolate, mas se lembra de ter comido chocolates La Especial. Confirma que a praça era a praça da feira, como nas cartas, e que havia touradas nas festas ali realizadas, como Emma também conta. Lembra-se muito bem do incêndio de 1959, mas de mais nenhum.

— Senhor jornalista, se vai escrever sobre Guateque, diga, por favor, que a estrada está acabada. É o cúmulo! Está exatamente como Olaya Herrera a deixou, quando trouxe o carro pela primeira vez.

* * *

Emma voltou à Colômbia algumas vezes; a última foi em 1983, quando visitou Popayán e vivenciou o terremoto. Na ocasião, estava no Hotel Monasterio. Não podia ter outro nome. Emma dizia que voltaria à Colômbia para morrer, se Jean morresse antes dela. Porém não foi assim. Emma viveu seus últimos dias em Bordeaux; passou uma semana hospitalizada e faleceu aos 84 anos, vítima de um vírus sem nome. Levado para Périgueux, seu corpo foi sepultado junto ao de seu marido, Jean, como ambos queriam. Contudo, antes de morrer ela deixou claro que seu dinheiro devia ser doado a um orfanato da Colômbia, inclusive o valor dos royalties de *Memória por correspondência*, quando fosse publicado. Ela queria ajudar de alguma forma as crianças que sofreram o mesmo destino que o seu. E assim foi. Gabriela conta que Emma sempre amou as crianças e tratava todas que encontrava com carinho especial. Os Perromat falaram com Ramiro Arango, que, por sua vez, ligou para Maria del Carmen Carrillo, voluntária do Lar San Mauricio, em Bogotá.

Resolvo ir até lá. A fundação se situa em San José de Bavaria, Calle 172 com Calle 80. Há vários alojamentos cuidadosamente decorados com pinturas e cartazes infantis para as quase 150 crianças de todas as idades de lá. Há um jardim de infância para os pequeninos. Chegam menores abandonados, maltratados, e a fundação os acolhe para educá-los, alimentá-los, dar-lhes um canto para dormir. Há bebês de alguns meses num quarto separado, à espera de adoção. Como em todo trabalho desse tipo, sempre faltam recursos, mas o esforço para lhes proporcionar uma infância digna é evidente. Vejo as crianças brincando no gramado, correndo, rindo: todas são Emma. Essa infância triste que ela deixou registrada, tão difícil de esquecer, não foi em vão. Ela ficaria feliz de ver que ajudou essas crianças de alguma forma, cuidadas e protegidas por pessoas que procuram ser suas famílias. São crianças que não sabem quem foi Emma Reyes e que talvez também sonhem com o mundo.

Este retrato a óleo de Emma Reyes foi pintado por seu amigo Alejo Vidal-Quadras em Paris, em 1949.

Agradecimentos*

Gabriela Arciniegas
Gabriela Santa
Andrés Felipe Ortiz
Fundación Cultural Germán Arciniegas
Luisa Fernanda Herrera
Jacqueline Desarménien
Fundación Alejo Vidal-Quadras
Mónica Vidal-Quadras

---

* A Fundación Arte Vivo Otero Herrera e a Laguna Libros agradecem a todas as pessoas que contribuíram para a publicação deste livro.

Cumprindo a vontade que Emma sempre expressou a todos que amava, os direitos autorais deste livro irão para a Fundación Hogar San Mauricio, que oferece carinho, estudo, lar e um futuro a novas gerações de crianças colombianas.

Gabriela Arciniegas

<http://www.sanmauricio.org>

ESTA OBRA FOI COMPOSTA POR OSMANE GARCIA FILHO EM ELECTRA E
IMPRESSA PELA GRÁFICA BARTIRA EM OFSETE SOBRE PAPEL PÓLEN SOFT
DA SUZANO PAPEL E CELULOSE PARA A EDITORA SCHWARCZ
EM FEVEREIRO DE 2016